mon régime
ventre plat

Avec la collaboration de
Cathy Selena

Dr Arnauld Maloubier
Médecin nutritionniste

Avec la participation de
Jean-Pierre Clémenceau
Coach sportif
Dr Martine Lancri
Médecin esthétique

FIRST
Editions

Avertissement

Les informations fournies dans cet ouvrage ne remplacent en aucun cas les conseils ou le traitement d'un expert. Elles vous aideront simplement à faire des choix éclairés. Parce que chaque individu est unique, il appartient au médecin d'effectuer un diagnostic et de superviser les traitements pour chaque problème de santé. Si un individu suivi par un médecin reçoit des conseils contraires aux informations fournies dans cet ouvrage de référence, les conseils du médecin devront être respectés, car ils se basent sur les caractéristiques uniques de cet individu.

© Éditions First, 2010

Toute représentation ou reproduction, intégrale ou partielle, faite sans le consentement de l'auteur, ou de ses ayants droit ou ayants cause, est illicite (loi du 11 mars 1957, alinéa 1er de l'article 40). Cette représentation ou reproduction par quelque procédé que ce soit, constituerait une contrefaçon sanctionnée par les articles 425 et suivants du Code pénal.

ISBN : 978-2-7540-1877-7
Dépôt légal : 2e trimestre 2010

Imprimé en France par CPI Hérissey à Évreux (Eure) CPI

Correction : Jacqueline Rouzet
Couverture : Olo éditions
Conception graphique : Olo éditions
Maquette : Christelle Defretin
Illustrations : Delétraz

Éditions First
60, rue Mazarine
75006 Paris
Tél. : 01 45 49 60 00
Fax : 01 45 49 60 01
www.editionsfirst.fr

L'auteur

Dr Arnauld Maloubier

Médecin généraliste implanté en région parisienne durant quelques années, sa formation complémentaire en pharmacologie l'a amené à s'orienter vers des responsabilités en recherche-développement dans l'industrie pharmaceutique et cosmétique.

Après avoir passé plus de vingt ans dans l'industrie, le souhait de revenir vers l'individu, le patient, a amené le Dr Maloubier à reprendre une activité libérale, en parallèle à un poste de directeur médical d'un centre d'investigation et de bilans cliniques à Paris.

Spécialiste en nutrition, pour une prise en charge du surpoids, des maladies métaboliques et de leurs conséquences, selon un concept personnalisé d'accompagnement global (programme enfants, femmes enceintes, ménopause, 3e âge, sportifs, obèses...), le Dr Maloubier, outre sa pratique en libéral, a mis en place une consultation de prévention santé : consultations pédagogiques et bilans de santé optimisés (bilans cliniques avec prélèvements sanguins, ECG...), pour une médecine de prévention active sous forme de recommandations diététiques, forme-équilibre et activité physique, avec la mise en place d'ateliers santé, de type sessions pédagogiques « manger, bouger ».

Resté proche de l'industrie, le Dr Maloubier est encore consultant de sociétés de l'univers forme et santé. Pédagogue (ex-chargé de cours à la faculté des sciences, Paris V) et homme de communication, il a rédigé de nombreux documents sur la diététique, l'hygiène, et l'équilibre alimentaire, et animé de multiples tables rondes et conférences de presse. Il est auteur d'ouvrages sur la prévention en santé.

Cette expérience s'est récemment complétée d'une découverte (PNL) du « coaching ». Il s'est orienté alors vers le retour à la performance, suite à des ruptures personnelles, au stress, au « burnout », à des troubles du comportement alimentaire, au surpoids, aux addictions, à la sédentarisation, et à toutes les formes d'anxiété. Expérience mise à profit pour une démarche active sur le management, le stress et la vitalité en entreprise.

Avec la participation de

EXPERT

 ## Jean-Pierre Clémenceau

Préparateur physique diplômé d'État, licencié en biologie, maître nageur, spécialisé en kinésithérapie, diététicien, Jean-Pierre Clémenceau est également praticien en réflexologie plantaire et en shiatsu. De par ses multiples compétences, il devient rapidement une référence dans le milieu de la forme et du bien-être. En moins de dix ans, il s'est imposé avec brio sur toutes les scènes du bien-être international, animant régulièrement des stages dans les hauts lieux du spa mondial, tout en étant le coach attitré de stars aussi prestigieuses qu'Isabelle Adjani, Laetitia Casta, Juliette Binoche ou Jane Birkin.

EXPERT

 ## Dr Martine Lancri

Spécialisée en dermatologie depuis 1985, le Dr Martine Lancri, connut l'arrivée des premiers lasers en travaillant en clinique médico-chirurgicale, puis elle décida, après une dizaine d'années, de s'orienter vers l'esthétique. Désignée comme la plus jeune dermatologue de France, elle exerce en milieu hospitalier et en cabinet privé, au Perreux, depuis plus de quinze ans. Grâce à ses techniques à la pointe du progrès qu'elle améliore en permanence, elle a su fidéliser sa clientèle, en lui préservant jeunesse et forme, sans douleur et sans ratés.

Sommaire

Introduction

Qui n'a rêvé d'un ventre plat, au quotidien ? Loin de se limiter à un tube digestif qui accueille les aliments, les transforme et les expulse, le ventre n'est pas qu'un garde-manger qui fonctionne selon notre horloge biologique. Centre de nos émotions, il exsude de mille façons notre stress, notre sensibilité, nos angoisses et nos désirs. Il accompagne les cycles de la femme, se contracte durant les règles, spasmes à l'appui, s'arrondit durant la grossesse, et se relâche à la ménopause. Il est le reflet de nos angoisses, de nos plaisirs, de nos excès. Il s'exprime lors d'une contrariété, gonfle plus que de raison lors d'un péché de gourmandise, et gargouille lorsque nous le privons. Il vit à notre rythme. Le ventre est un baromètre parfait de nos humeurs. Alors, pour qu'il soit plat, en pleine santé, il va falloir s'en occuper !

- Cela passe par une alimentation saine et équilibrée, en accord avec l'hérédité et les diverses pathologies qui font de nous ce que nous sommes. Un être issu d'une lignée, avec ses mémoires, ses hauts et ses bas, ses points forts et ses faiblesses.
- Cela passe également par une bonne hygiène de vie. Point de ventre plat sans activité physique régulière, sans abdominaux pour tonifier sa ceinture abdominale, et au moins trente minutes de marche cadencée au quotidien, pour faciliter le transit, et oxygéner l'organisme.

- Et au-delà de ces recommandations, cela induit une bonne gestion du stress, une sérénité intérieure, un réel épanouissement.

Ainsi, pour retrouver un ventre plat, vous trouverez dans cet ouvrage tous les remèdes, allopathiques et naturels, selon les symptômes et les pathologies qui vous concernent, classés de A à Z. Mais surtout, votre programme « ventre plat » en quinze jours, vous permettra de vous refaire une santé digestive, avec des recettes savoureuses, élaborées à partir d'aliments sélectionnés pour leurs vertus antiballonnements. À vous de les intégrer à vos menus quotidiens, pour vous assurer une digestion optimale. Pour parfaire ce programme nutrition, des experts vous ont offert des exercices ciblés et les solutions esthétiques qui, parfois, sont incontournables.

Les pictos utilisés dans ce livre

À RETENIR

ATTENTION

RECETTE TISANE MAISON

EXPERT

CONSEIL

Testez votre ventre !

Les quatre profils digestifs

Test 1 : La stressée !

1. Vous plaignez-vous souvent de maux de ventre intenses, de spasmes douloureux, même en dehors des repas ?
2. Après le repas, avez-vous la sensation d'être ballonnée, que votre ventre gonfle au point que vous êtes souvent obligée de desserrer votre ceinture ?
3. Avez-vous la sensation d'être fatiguée, dès le réveil ?
4. Avez-vous tendance à abuser des laxatifs pour pallier la constipation ?
5. Êtes-vous de nature anxieuse, nerveuse ?
6. Ressentez-vous fréquemment des fourmillements dans les jambes, les paupières qui sautent ou un refroidissement des mains et des pieds ?

Si vous répondez « oui » à quatre questions au minimum, vous avez le profil du « côlon irritable », souvent stressée, à tendance spasmophile.

Pour retrouver un ventre plat, vous devrez revoir votre hygiène de vie en adoptant de nouvelles habitudes alimentaires, retrouver une activité physique adaptée, et apprendre à gérer votre stress.

Reportez-vous aux conseils, astuces et recettes correspondant à votre profil (voir pages 41, 51, et 90 notamment).

Test 2 : La lymphatique !

1. Êtes-vous constipée, avec moins de trois selles par semaine ?
2. Avez-vous tendance à vous retenir ?
3. Êtes-vous une adepte des laxatifs depuis des années ?
4. Avez-vous une tendance à la mélancolie ?
5. Êtes-vous de nature à ruminer le passé, sans réussir à oublier les moments difficiles ?
6. Êtes-vous souvent ballonnée après les repas, et sujette aux maux de ventre régulièrement ?

Si vous répondez « oui » à quatre questions au minimum, vous avez le profil de la « constipée chronique », plutôt indolente de nature, avec une difficulté à se projeter dans l'avenir en faisant fi du passé.

Pour retrouver un ventre plat, vous devrez revoir votre hygiène de vie en adoptant de nouvelles habitudes alimentaires, retrouver une activité physique adaptée, et reprendre les rênes de votre destin.

Reportez-vous aux conseils, astuces et recettes correspondant à votre profil (voir pages 41 et 51 notamment).

Test 3 : L'hyperactive !

1. Êtes-vous ballonnée en permanence, et encore plus après les repas ?
2. Avez-vous souvent mal au ventre, à la moindre contrariété ?
3. Avez-vous tendance à prendre vos repas « sur le pouce » ; vite avalés, mal digérés ?
4. Trop occupée par le travail, les enfants, la maison et le reste, avez-vous banni le sport de votre vie ?
5. Avez-vous plutôt un petit bidon qui s'est relâché avec le temps ?
6. Après le repas, ressentez-vous un petit coup de pompe ?

Si vous répondez « oui » à quatre questions au minimum, vous avez le profil de la « superwoman », plutôt dynamique et volontaire, avec une tendance à vouloir tout contrôler.

Pour retrouver un ventre plat, vous devrez revoir votre hygiène de vie en adoptant de nouvelles habitudes alimentaires, retrouver une activité physique adaptée, et apprendre à lâcher prise.

Reportez-vous aux conseils, astuces et recettes correspondant à votre profil (voir pages 41 et 96 notamment).

Test 4 : La gourmande !

1. Avez-vous l'impression d'avoir un « gros ventre » en permanence ?
2. Êtes-vous attirée par les sucreries et les plats en sauce ?
3. Avez-vous, ou quelqu'un de votre famille, du diabète ou du cholestérol ?
4. Avez-vous abandonné le sport depuis trop longtemps ?
5. Vous sentez-vous épicurienne dans l'âme ?
6. Souffrez-vous de problèmes de transit régulièrement ?

Si vous répondez « oui » à quatre questions au minimum, vous avez le profil de la « bonne vivante », aimant la convivialité, et les plaisirs de la table, succombant aisément à quelques douceurs sucrées après le repas.

Pour retrouver un ventre plat, vous devrez revoir votre hygiène de vie en adoptant de nouvelles habitudes alimentaires, retrouver une activité physique adaptée, et renoncer aux excès pour trouver un équilibre de vie.

Reportez-vous aux conseils, astuces et recettes correspondant à votre profil (voir pages 96 et 101 notamment).

IMPORTANT

Si d'aventure, après avoir effectué les quatre tests, il se trouvait que vous apparteniez à deux, trois, voire quatre profils, pas d'inquiétude ! L'être humain est complexe, et vous aurez tout loisir de piocher les conseils et astuces qui vous correspondent le mieux.

1

Les meilleurs alliés de votre ventre

Le TOP 10 des aliments « ventre plat »

▸ *Les protéines animales*

▸ *Les céréales complètes*

▸ *Les légumes*

▸ *Les fruits secs*

▸ *Les fruits frais*

▸ *Les graines*

▸ *Les huiles végétales*

▸ *Les aromates*

▸ *Le chocolat noir*

▸ *Les eaux et les tisanes*

1. Les protéines animales

Les viandes maigres

Les viandes contiennent en moyenne 20 % de protéines. Leur teneur en lipides dépend de la nature de la viande, de l'animal et, en particulier, de sa teneur en graisses. Les viandes les plus maigres sont le lapin, le veau, le poulet, le cheval, la dinde (sans peau), ainsi que certaines pièces de bœuf (faux-filet, rumsteck, et rosbif, s'il n'est pas préparé à partir de l'aloyau). Les autres viandes maigres

ATTENTION

Lorsque le gibier est cuit et servi avec des sauces grasses, on lui enlève sa qualité de viande maigre.

sont les abats (foie, cœur, rognons) et le gibier (chevreuil, sanglier), mais attention au mode de préparation.

CONSEIL

Comment bien conserver la viande ?

Au frais, le plus rapidement possible après l'achat, mais elle peut néanmoins être conservée à température ambiante lorsqu'elle est conditionnée en boîte de conserve. La viande débitée en morceaux doit être consommée dans les trois jours qui suivent son achat et une viande hachée fraîche doit être consommée dans la journée. Quant à la viande surgelée, elle doit être maintenue à –18 °C, jusqu'à sa consommation, et pas plus de quelques mois, en raison du rancissement des graisses.

CONSEIL

Comment bien cuisiner la viande ?

Les modes de préparation et de cuisson peuvent augmenter la quantité de matières grasses d'une viande maigre. En premier lieu, retirez la peau du poulet et le gras visible de la viande. Une coupe de bœuf à laquelle on n'a pas enlevé le gras visible contient deux fois plus de gras saturés. Ainsi, faites revenir la viande dans une petite quantité de matières grasses ou mieux, dans une poêle antiadhésive, au gril ou au four.

Les poissons

Concernant les poissons, on alternera les poissons maigres et les poissons gras, pour leurs bienfaits sur la santé. Les poissons gras ne sont d'ailleurs pas si gras, avec de 5 à 12 % de lipides, l'équivalent d'un steak ou d'une côte de veau. Ce sont les maquereaux, les harengs, les sardines, le saumon sauvage ou encore le thon. La plupart de leurs graisses sont des oméga 3, protecteurs du système cardio-vasculaire. Quant aux poissons maigres, ce sont les poissons blancs tels le cabillaud, le flétan, le bar, le lieu, l'églefin, le merlan, la limande, la raie ou la sole. Ils contiennent 1 % de graisses au maximum.

À RETENIR

Il est conseillé de manger du poisson au moins deux fois par semaine.

CONSEIL

Comment bien conserver le poisson ?

Si vous ne souhaitez pas cuisiner votre poisson le jour même, passez-le à l'eau claire, essuyez-le bien, saupoudrez-le de gros sel, enveloppez-le dans un linge imbibé de vinaigre, et mettez-le au réfrigérateur. Il se conservera durant deux jours environ. S'il est déjà congelé, pensez à le décongeler au réfrigérateur sur du papier absorbant ou dans une passoire, sans oublier de mettre une assiette en dessous. Ainsi, il ne perdra pas ses arômes en trempant dans son « jus ».

Pensez également à accompagner les poissons d'une sauce diététique : fromage blanc nature 0 % + jus de citron + épices + herbes aromatiques + sel et poivre.

CONSEIL

Comment bien choisir le poisson ?

Les yeux : *translucides, bombés et clairs, surtout pas troubles ou sanguinolents.*

Les branchies : *rouge vif et humides, jamais brunes.*

La peau : *brillante, tout comme les points orange du carrelet ou le reflet irisé et la couleur nacrée du cabillaud.*

Les nageoires : *entières et non abîmées.*

L'aspect : *les poissons « tordus » sur l'étal sont un signe de fraîcheur, tout comme un mucus abondant.*

L'odeur : *le poisson frais sent la mer et l'iode.*

La pression au doigt : *ferme, car il devient flasque et sans consistance avec le temps.*

CONSEIL

Comment bien cuisiner le poisson ?

La plupart des poissons se cuisent aussi bien à la poêle, au four, en papillote, en brochettes, grillés ou pochés dans une soupe. Il suffit de les saupoudrer d'herbes et d'un filet d'huile d'olive, et de ne pas les laisser cuire trop longtemps, trois minutes par centimètre d'épaisseur seulement.

Les œufs

Le jaune d'œuf est riche en cholestérol, alors ne consommez pas plus de deux œufs par semaine, en cas d'élévation du cholestérol sanguin. En revanche, le blanc d'œuf est constitué de 75 % d'albumine et est très pauvre en lipides, contrairement au jaune. Il sera donc intéressant comme source de protéines, en cas de régime amaigrissant.

CONSEIL

Comment bien conserver les œufs ?

Les œufs doivent être conservés au réfrigérateur, mais attention à la date de péremption ! Pour vérifier s'ils sont toujours frais, plongez-les dans l'eau froide. S'ils restent au fond du bol, c'est bon ; s'ils flottent, ils ne sont plus consommables.

CONSEIL

Comment bien cuisiner les œufs ?

Au plat, à la coque, mollets, mais aussi en omelette, en cocotte, durs ou brouillés, les œufs peuvent se cuire de différentes manières. Pour les cuissons à l'eau, faites bouillir de l'eau additionnée d'un filet de vinaigre qui servira à coaguler le blanc, en cas de fissure de la coquille.

2. Les céréales complètes

Les céréales complètes ont un goût exquis, tout en ayant un potentiel très bénéfique pour la santé. Elles participent à la diminution des risques de problèmes cardiaques et de certains cancers, tout en favorisant un ventre plat, par leur richesse en fibres, qui augmentent la masse fécale et piègent les substances cancérigènes, pouvant ainsi être éliminées rapidement du côlon avant qu'elles ne créent

Augmentez progressivement les quantités pour ne pas irriter vos intestins.

des problèmes. Parmi le large choix de céréales complètes sur le marché, privilégiez l'amarante, très riche en protéines, le quinoa et le sarrasin, qui ne contiennent pas de gluten. Pensez également au kamut, à l'épeautre, au millet, au riz brun, au seigle, et au teff. L'avoine est un antioxydant remarquable, tout en étant diurétique. En revanche, le blé a tendance à provoquer des ballonnements, car son grain a des propriétés acidifiantes.

CONSEIL

Comment préparer les céréales complètes ?

Lavez les céréales à l'eau claire, puis faites-les tremper pendant la nuit, avant de les utiliser, pour quatre raisons :
- *Cela raccourcit le temps de cuisson.*
- *Cela réduit les effets de l'acide phytique.*
- *Cela amorce une courte germination.*
- *Cela facilite la digestion.*

Pensez à réutiliser l'eau de trempage pour la cuisson, afin de bénéficier des vitamines et des minéraux qui se sont dissous dans l'eau.

3. Les légumes

Les légumes apportent de l'eau, des vitamines, des sels minéraux, des fibres, des antioxydants et très peu de calories. Toutes ces propriétés font qu'il est recommandé de consommer des légumes tous les jours, environ 80 grammes pour une portion, et sous les formes les plus variées possibles. Parmi les différentes variétés, il existe les légumes fruits (tomates, haricots verts, courgettes, aubergines), les légumes à racines (carottes, radis, betteraves, navets, salsifis), les légumes à fleurs (choux, artichauts, brocolis), les légumes à tiges (poireaux, asperges), et les légumes feuilles (fenouil, épinards, blettes, salades).

CONSEIL

Comment conserver les légumes frais ?

Les légumes frais sont facilement périssables. La conservation au réfrigérateur permet de les conserver durant quelques jours seulement. Surgelés, ils sont faciles et rapides à préparer. Il ne faut donc pas hésiter à les utiliser, d'autant que leur teneur en vitamines est préservée au maximum, car les légumes sont cueillis à maturité et mis en conservation au plus tôt après la récolte.

CONSEIL

Comment préparer les légumes ?

De nombreux légumes peuvent être consommés crus, en salade, en crudités, ou cuits : à l'eau, à la vapeur, sautés, rissolés, frits, braisés, grillés, au four. Il est important de rappeler que la plupart des légumes perdent une grande partie de leur pouvoir antioxydant s'ils sont bouillis, mais aussi s'ils sont lavés trop longuement, car les antioxydants sont hydrosolubles. Ainsi, pour préserver leur qualité nutritionnelle, une cuisson rapide s'impose. Privilégiez la cuisson à la vapeur, au wok, au four, au micro-ondes sans eau ou à la poêle, sans huile.

4. Les fruits secs

Les fruits secs sont de véritables concentrés d'énergie (300 kcal pour 100 g en moyenne), riches en minéraux et en oligoéléments, qui boostent l'activité intestinale.

ATTENTION

Le seul petit bémol, la noix peut déclencher des aphtes et des allergies chez certaines personnes.

La noix

Riche en acides gras essentiels et en oméga 3, qui favorisent le bon fonctionnement du système cardio-vasculaire, elle contient également de la vitamine E, mais surtout de la vitamine B, indispensable au bon fonctionnement du système nerveux. C'est aussi un fruit riche en fibres qui permet un meilleur transit intestinal.

Les amandes

Elles contiennent des protéines, des fibres, de la vitamine E, un puissant antioxydant. Elles sont également une bonne source de magnésium et de calcium, notamment pour les personnes qui ne digèrent pas le lait et ses produits dérivés.

La noisette

C'est un oléagineux très riche en oméga 3, idéal pour lutter contre le mauvais cholestérol, riche en vitamine E, qui protège du vieillissement cellulaire. On trouve également dans sa composition du cuivre pour lutter contre les rhumatismes, du fer contre l'anémie, du magnésium contre le stress et du phosphore contre la fatigue intellectuelle. Elle est naturellement source de fibres alimentaires, bénéfiques pour le bon fonctionnement du transit.

La noix de cajou

Source de potassium, de phosphore et de zinc, elle contient des vitamines du groupe B et de la vitamine E, et elle est excellente pour le cœur.

La châtaigne

Riche en potassium, elle le renouvelle dans l'organisme après l'effort musculaire. Elle contient également du manganèse qui aide à lutter contre les radicaux libres, du cuivre pour lutter contre l'anémie, et des glucides complexes. Elle renferme également une quantité non négligeable de fibres (6 g/100 g) qui agissent favorablement sur le transit intestinal.

> **Comment redonner du moelleux aux fruits secs ?**
>
> *En les passant à la vapeur, durant cinq minutes environ. Il suffisait d'y penser !*

L'abricot sec

Riche en bêta-carotène, excellent pour la vue, l'abricot sec possède aussi des vertus antioxydantes. Il est riche en potassium, en fer et en glucides, ce qui en fait un en-cas idéal après une activité physique soutenue. L'abricot sec est également utilisé pour traiter l'anémie et l'asthme. Ses fibres régulent le transit intestinal efficacement.

La figue

Très riche en minéraux, en calcium, en potassium, en fer et en fibres, elle est efficace pour stimuler les intestins et lutter contre la constipation, tout en fournissant de précieux antioxydants.

Le pruneau

Réputé pour son efficacité dans le traitement de la constipation, ses qualités laxatives sont dues à une haute teneur en fibres et aux sorbitol et diphénylisatine, des substances qui stimulent la fonction intestinale. En effet, il contient des fibres insolubles. Ces fibres ne sont pas absorbées dans l'organisme et elles se chargent de grandes quantités d'eau, ce qui rend les selles plus volumineuses et plus faciles à expulser. De plus, les pruneaux contiennent également des fibres solubles, qui favorisent l'abaissement du mauvais cholestérol. En outre, les pruneaux sont riches en vitamines antioxydantes, et en potassium, un minéral indispensable au maintien d'une bonne pression artérielle. À noter que son rapport potassium-sodium lui confère des qualités diurétiques.

Les dattes

Les fibres des dattes sont constituées à 57 % de fibres insolubles et à 43 % de fibres solubles. Les fibres insolubles jouent un rôle important dans la régularité intestinale et la prévention de la constipation. En retenant l'eau dans le côlon, elles font augmenter le volume et le poids des selles, ce qui réduit le temps de transit et facilite l'évacuation. Par ailleurs, des études ont démontré que les fibres solubles jouent un rôle dans la réduction du taux de cholestérol et, par conséquent, elles peuvent contribuer à diminuer le risque de maladies cardio-vasculaires.

CONSEIL

 Comment bien conserver les fruits secs ?

Pour profiter pleinement des valeurs gustatives et nutritionnelles des fruits secs, conservez-les dans une boîte hermétique, au sec et à l'abri de la lumière.

5. Les fruits frais

La plupart des fruits ont des propriétés laxatives, en particulier les agrumes. Ainsi, en consommant régulièrement des oranges, des pamplemousses, des citrons, ou en prenant un jus dès le matin à jeun, vous relancerez un transit un peu paresseux. Parmi les autres fruits à conseiller pour favoriser un bon transit intestinal, citons les figues fraîches, les prunes, le raisin, les fruits exotiques et les fruits rouges.

La figue fraîche

Il en existe plusieurs variétés. La figue blanche est précoce, très parfumée, la verte est juteuse, avec une peau très fine, la violette est la plus sucrée, mais la plus juteuse aussi, et la figue noire est sucrée, peu juteuse, mais moins fragile. Vous trouverez des figues fraîches sur le marché entre juillet et novembre.

CONSEIL

Comment bien conserver les figues ?

Elles ont le mal des transports et ne se conservent pas longtemps. Ainsi, choisissez-les un peu molles, signe de maturité, sans que la peau soit meurtrie ou ridée. Vous les garderez ensuite de 24 à 48 heures, au réfrigérateur.

ATTENTION

Figues et diverticulose : attention danger !

La figue fraîche est tout à fait indiquée dans le cadre d'une constipation légère, pour relancer le transit, mais si vous souffrez de diverticulose, elle est à éviter fortement. En effet, les petits grains pourraient s'insérer dans les diverticules et provoquer des troubles intestinaux.

Les prunes

Riches en minéraux, en oligoéléments, elles favorisent l'élimination rénale, grâce à leur richesse en eau, et à un rapport potassium-sodium élevé. Elles sont également les meilleures alliées du transit intestinal. Outre leur richesse en fibres qui régularisent la fonction intestinale, elles sont bien pourvues en sorbitol et diphénylisatine, deux substances aux effets laxatifs.

CONSEIL

 ### Comment bien conserver les prunes ?

Dans le bac à légumes du réfrigérateur durant quelques jours, mais vous pouvez également les congeler, après les avoir dénoyautées.

CONSEIL

 ### Les quatre prunes de nos marchés

Entre juillet et octobre, vous pouvez savourer quatre variétés de prunes, toutes plus goûteuses les unes que les autres : la reine-claude, la mirabelle, la quetsche, et l'américano-japonaise.

Le raisin

C'est l'un des fruits les plus énergétiques, autant que la figue fraîche. De plus, sa haute teneur en eau et en minéraux en fait l'allié parfait de l'élimination. Effet diurétique garanti !

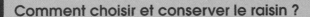

Comment choisir et conserver le raisin ?

La tige doit être verte, souple, et les grains lisses, fermes et sans taches. Choisissez-le bio, car le raisin est souvent traité, puis rincez-le à l'eau avant de le consommer. Égouttez-le, pour ne pas qu'il pourrisse à cause de l'humidité. Vous pouvez le conserver à température ambiante ou au réfrigérateur durant cinq jours environ.

Les fruits exotiques

Toniques, riches en vitamine A et C, les fruits exotiques ont l'art de stimuler nos papilles et notre transit, en prime. Misez sur la papaye, l'ananas, le kiwi, la goyave, la grenade, le kumquat, la mangue ou encore le fruit de la passion.

CONSEIL

Les astuces pour les consommer, été comme hiver

Pensez aux conserves de fruits exotiques. Conservez les boîtes non ouvertes dans un endroit frais et sec. Si vous préférez vos fruits exotiques bien frais, mettez-les au réfrigérateur. Après ouverture, conservez les restes de fruits au réfrigérateur, dans une boîte en verre ou en plastique. Les fruits exotiques en conserve peuvent se marier à toutes sortes de préparations : entrées, plats principaux, salades, accompagnements et desserts. Si vous les achetez sur le marché, conservez-les au réfrigérateur, et consommez-les dans les trois jours, au maximum.

Les fruits rouges

Les fibres, solubles et insolubles, se trouvent en quantité intéressante dans les fruits rouges. Que ce soit les fraises, les framboises, les groseilles, les mûres, les myrtilles, les cerises ou les baies de cassis, les fruits rouges sont également une très bonne source de vitamines, avec un fort potentiel diurétique. Pensez à les consommer en salade de fruits, arrosée d'un filet de jus de citron.

CONSEIL

 Comment conserver les fruits rouges ?

Il est préférable de les consommer le plus vite possible après l'achat, car ils s'abîment très vite. Vous pouvez les garder au réfrigérateur deux ou trois jours seulement, dans le bac à légumes. En revanche, les fruits rouges se congèlent très bien. Placez-les dans un sachet, arrosés d'un filet de citron, pour préserver leur tenue.

Comment les faire pousser ?

Les graines à germer sont très faciles et rapides à faire pousser sur le rebord d'une fenêtre. En deux à huit jours, vous obtiendrez des germes savoureux, riches en vitamines et en minéraux.

6. Les graines

En cas de constipation, le transit intestinal peut être amélioré rapidement et efficacement grâce aux graines. Parmi elles, les graines de lin sont particulièrement recommandées. En effet, elles produisent un mucilage, augmentent le volume des selles, régulent la digestion, et agissent ainsi comme un laxatif doux et naturel.

CONSEIL

Comment les consommer ?

Le matin, à jeun, prenez une cuillère à soupe de graines de lin que vous aurez laissé tremper durant au moins une heure dans de l'eau ou du lait. Cette mixture est certes un peu visqueuse, mais terriblement efficace ! Vous pouvez bien sûr consommer des graines de lin pendant la grossesse, mais pas si vous souffrez de diverticulose, car elles pourraient se loger dans les replis de la paroi intestinale. On peut aussi prendre les graines seules ou les ajouter à de la compote de pommes, du lait, du muesli ou du gruau.

Les graines doivent être de bonne qualité, provenant de l'agriculture biologique et ne pas avoir été rôties ou grillées. Les saveurs d'une même graine varient suivant sa durée de germination. Elles se consomment dès que le germe pointe et jusqu'à l'état de petites pousses généralement vertes. Les graines à consommer germées sont savoureuses, hautement nutritives et riches en vitamines et minéraux. Elles peuvent accompagner les soupes, les ragoûts, les sautés asiatiques, les currys ou se consommer crues, en salade. Pensez aux graines de blé tendre, de grand épeautre, d'amarante, d'avoine, de sarrasin, d'orge, de lentille rose, de cresson ou de moutarde.

ATTENTION

Les graines germées se consomment en petite quantité, car elles sont riches en tous les éléments vitaux et en celluloses tendres, très précieuses pour la flore intestinale, mais irritantes à haute dose.

7. Les huiles végétales

Pour profiter des propriétés bénéfiques de l'huile, choisissez des huiles non raffinées, de première pression à

À RETENIR

Les oméga 3 et les oméga 6 des huiles végétales sont aussi appelés les « acides gras essentiels » car notre corps ne sait pas les fabriquer. Il doit donc impérativement les trouver dans l'alimentation.

froid, produites avec des graines arrivées à maturité et cultivées selon des méthodes biologiques. Sachez aussi que la cuisson de l'huile à température trop élevée dénature ses composants qui deviennent alors indigestes, et toxiques pour l'organisme. Tous les acides gras essentiels à la vie sont dans les huiles végétales. Elles contiennent toutes, dans des proportions différentes, des nutriments indispensables à votre équilibre. Alors, variez leur consommation : huile de tournesol, de colza, d'olive ou de noix, pour apporter à votre corps tout ce dont il a besoin pour être au meilleur de sa forme. Les huiles végétales sont composées en majorité d'acides gras insaturés, principalement : l'acide oléique, l'acide linoléique (oméga 6) et l'acide alpha-linolénique (oméga 3).

À RETENIR

Les huiles, mode d'emploi

- *Pour la cuisson, préférez l'huile d'olive et d'arachide, même pour la pâtisserie.*
- *Pour assaisonner vos crudités, privilégiez les huiles de carthame, d'œillette, de noix, de soja, de germes de blé, de tournesol, de sésame et d'olive.*
- *Ne laissez jamais fumer l'huile.*
- *Filtrez l'huile après la friture.*
- *Jetez l'huile de friture après trois utilisations.*
- *Ne mélangez pas nouvelle et vieille huile.*
- *Si vous buvez de l'alcool au cours d'un repas « friture », sachez que celui-ci facilite la pénétration de l'acroléine et autres dérivés (éléments toxiques) dans le corps.*

8. Les aromates

En matière de cuisine, il n'y a pas vraiment de frontière entre les aromates et les épices. Ils subliment la saveur des mets, tout en étant réputés pour leurs vertus digestives. Nombreuses sont les plantes aromatiques, à utiliser fraîches, séchées ou en graines. Certains sont à privilégier si vous souffrez de problèmes digestifs :

- cumin
- noix de muscade
- cardamome
- clous de girofle
- gingembre frais
- fenouil

- cannelle
- ail
- romarin
- origan
- curry
- basilic

- thym
- sarriette
- aneth
- coriandre
- sauge
- lavande.

Tous ces aromates sont efficaces contre les germes pathogènes de l'intestin. Choisissez-les de préférence d'agriculture biologique. S'il s'agit d'herbes aromatiques, achetez-les fraîches, ou mieux, faites-les pousser dans votre jardin ou sur votre balcon.

À RETENIR

L'utilisation des fines herbes vous permettra de manger moins salé, de consommer davantage de potassium et d'augmenter votre consommation d'antioxydants.

ATTENTION

Toutefois, évitez une consommation excessive de poivre, de piment ou d'épices fortes, ces dernières pouvant générer une inflammation de la muqueuse intestinale.

CONSEIL

Astuces pour conserver les aromates

Pour quelques jours, au réfrigérateur : placez vos aromates sur du papier absorbant, dans une boîte hermétique.

Pour plusieurs mois, au congélateur : ciselez grossièrement les aromates et placez-les dans des boîtes hermétiques ou des sacs congélation.

Dans la glace : garnissez les bacs à glaçons d'aromates ciselés, couvrez-les d'eau ou de bouillon, et conservez-les dans le congélateur. Vous pourrez les utiliser pour parfumer vos sauces et vos potages.

CONSEIL

Conservez vos aromates dans du gros sel pour parfumer vos plats.

CONSEIL

Astuces pour conserver les aromates (suite)

Marinés dans l'huile : placez les aromates entiers (thym, sauge, romarin) dans une bouteille d'huile d'olive/colza, pour assaisonner vos crudités.

Marinés dans le vinaigre : placez l'aromate ciselé ou entier dans une bouteille de vinaigre.

9. Le chocolat noir

Le chocolat ne constipe pas, contrairement aux idées reçues. Il est plutôt indiqué pour relancer un transit intestinal fatigué. En effet, certains polyphénols agissent sur la muqueuse intestinale, car le chocolat est riche en fibres. De plus, les acides gras à chaîne courte formés par la fermentation des fibres ont également un effet régulateur du transit intestinal. De quoi rassurer les addicts qui auraient peur d'avoir des lourdeurs d'estomac. En réalité, le chocolat est seulement déconseillé en cas de calculs biliaires, du fait de la contraction douloureuse de la vésicule lors de la digestion des acides gras dans l'intestin grêle. Notez que ce n'est absolument pas propre au chocolat, mais à tous les produits gras. Alors, que ce soit au petit déjeuner, à la fin d'un repas, au goûter, avec un café, le chocolat est toujours le bienvenu. En surveillant les autres sources de sucres et de graisses, le chocolat s'intègre parfaitement dans une alimentation normale et apporte avec lui, plaisir, bien-être et digestion harmonieuse, à raison de 200 grammes par semaine.

À RETENIR

Comment choisir le bon chocolat ?

Le chocolat noir se différencie du chocolat au lait par sa teneur en cacao. Il est considéré noir lorsqu'il contient au moins 70 % de cacao. Un point important à retenir : plus le pourcentage en cacao est élevé, meilleur est le potentiel santé du chocolat.

À RETENIR

Un chocolat frais est lisse, brillant et exempt de taches blanches. Lorsque vous brisez votre chocolat, il doit se casser et non s'émietter.

10. L'eau et les tisanes

À RETENIR

Contre les transits paresseux, optez pour une eau riche en magnésium ou en sulfates, car ces deux minéraux agissent comme des laxatifs et accélèrent le transit. Parmi les eaux plates, privilégiez l'Hépar®, la Contrex® ou la Courmayeur®. Si vous aimez les eaux gazeuses, ne vous en privez pas ! En effet, des études ont prouvé que les eaux gazeuses auraient des vertus que ne possèdent pas les eaux plates. Chez les buveurs d'eau gazeuse, l'estomac se vide plus rapidement, ce qui diminue les problèmes d'indigestion, et le transit, de manière générale, s'en trouve amélioré, ce qui réduit les troubles de la constipation et les aigreurs. Il pourrait s'agir d'un effet du gaz carbonique ou de la quantité plus importante de minéraux des eaux pétillantes.

À noter qu'il faut boire en quantité suffisante, c'est-à-dire au moins 1,5 litre par jour d'eau, de thé, ou de tisane pour un résultat optimal.

Parmi les plantes digestives, privilégiez le fenouil, le romarin, l'artichaut et le radis noir, dont les principes actifs vont agir en synergie contre les ballonnements, les digestions difficiles ou paresseuses. Pensez également au fucus, une algue brune, qui facilite le transit, à l'anis, qui réduit la formation des gaz intestinaux, et à l'argile, qui facilite leur résorption. De même, la menthe et la réglisse stimulent la digestion, tandis que le fucus améliore le transit et les fonctions d'élimination.

RECETTE TISANE MAISON

Tisane réglisse-citronnelle

Pour 6 tasses.
Préparation : 5 min. Cuisson : 3 min. Repos : 10 min.

Ingrédients : *2 l d'eau ; ½ bâton de réglisse ; 2 cuillères à soupe de citronnelle séchée.*

Faites bouillir l'eau. Ajoutez le bâton de réglisse et la citronnelle. Laissez infuser 10 min dans l'eau bouillante. Filtrez. Cette boisson peut se boire aussi bien chaude que froide.

2

Un problème, une solution

Ballonnement ? Constipation ? Postaccouchement ? Ménopause ?
Les remèdes allopathiques et naturels aux pathologies qui vous
concernent, pour retrouver un ventre plat.

Ballonnements

La flore intestinale est notre bien le plus précieux, car elle fait partie d'un écosystème complexe, indispensable au bon fonctionnement de notre organisme. Rendez-vous compte, le tube digestif abrite près de mille espèces différentes de bactéries, dont la plus connue se prénomme *Escherichia coli*. La fonction essentielle de la flore intestinale est de désagréger les substances que notre propre système est incapable de « digérer », par exemple les cartilages et les molécules de cellulose, d'amidon ou la pectine. Du fait de leur malabsorption, **ils génèrent une fermentation de la flore intestinale qui aboutit inéluctablement à la formation de gaz, responsables des ballonnements.**

La flore intestinale joue également un rôle dans le métabolisme des lipides, la dégradation de certaines protéines et la synthèse de substances indispensables, comme la vitamine K, qui joue un rôle essentiel dans la coagulation sanguine, ou la vitamine B12, fondamentale dans le processus de digestion.
Enfin, elle assure en partie une protection contre les infections par un effet « barrière » sur les bactéries venant de l'extérieur, tout en stimulant également l'immunité locale.

ATTENTION

« Ventre ballonné » ne signifie pas uniquement « mauvaise digestion ». Certains signes imposent de consulter assez rapidement pour que votre médecin vous prescrive les examens complémentaires adéquats, destinés à établir un diagnostic précis :

- *présence de sang dans les selles ou vomissement de sang ;*
- *perte de poids ;*
- *vomissements persistants ;*
- *difficulté à avaler ou douleur à la déglutition ;*
- *antécédents personnels ou familiaux de cancers digestifs ;*
- *antécédents d'ulcère gastro-duodénal, d'un reflux gastro-œsophagien, de brûlures d'estomac, de diarrhée ou de constipation…*
- *toute douleur digestive ancienne ou récente, tels nausées, hoquets, difficultés à digérer, à avaler, douleurs thoraciques, toux chroniques, manifestations bronchiques, maux de gorge, enrouement*
- *ne pas négliger la prise de médicaments : aspirine ou anti-inflammatoires non stéroïdiens notamment.*

Déstressez pour dégonfler

Un emploi du temps trop chargé, le stress en continu ou des repas vite avalés, mal digérés vont participer aux ballonnements intestinaux. En effet, chaque déglutition s'accompagne d'ingestion d'air, qui, lorsqu'elle est trop importante du fait d'une mastication insuffisante, va remplir anormalement l'estomac qui n'a plus d'autre choix que de se dilater. D'où la sensation de lourdeur immédiate lorsque l'on ne prend pas le temps de faire une vraie pause déjeuner, en avalant un sandwich dans les couloirs du métro ou en consommant sa salade les yeux rivés sur un écran d'ordinateur, pour terminer un dossier urgent.

CONSEIL

Automassage du ventre

Rien de tel qu'un massage du ventre pour se relaxer. En massant doucement les organes, cela favorisera la libération des gaz, activera le processus de digestion et vous permettra de retrouver rapidement un ventre plat. Pour ce faire, allongez-vous sur le dos ou asseyez-vous confortablement dans un fauteuil. Posez vos deux mains à plat sur l'abdomen, puis respirez lentement et profondément, durant quelques minutes. Ensuite, massez toute la surface du ventre par un mouvement circulaire assez lent, dans le sens des aiguilles d'une montre, ceci afin d'aider à la remise en marche du transit intestinal. Complétez votre automassage en pinçant la peau du bas du ventre entre le pouce et l'index. Faites rouler le pli cutané ainsi formé vers le nombril, puis répétez ce geste sur différentes parties du ventre.

Les aliments à privilégier

Si vous êtes zen, que votre flore intestinale est en bonne santé, et que malgré tout, vous êtes sujette aux ballonnements, il faut alors passer au crible votre alimentation. En effet, l'absorption d'aliments propices à la fermentation va tendre la peau de votre abdomen, du fait de la prolifération de gaz non désirables. C'est le cas notamment des hydrates de carbone riches en sucre et en amidon ou cellulose, des pâtes, des céréales et des légumes secs, du chou, du poivron et des crudités en général.

Sur le plan diététique, commencez par réduire voire supprimer :

- Les aliments qui fermentent : le lait entier, les fromages fermentés, les viandes grasses.
- Les aliments susceptibles de provoquer des ballonnements : remplacez les crudités par des légumes cuits.
- Dans tous les cas, évitez les fritures et autres plats très gras, les épices, et limitez les matières grasses, sauf l'huile d'olive, à raison d'une cuillère à soupe par jour.
- Réduisez votre consommation de sucre et de sel.
- Oubliez les bulles et autres eaux gazeuses, et ne buvez pas glacé.
- Mangez des fibres tous les jours : cinq fruits et/ou légumes par jour, des féculents une fois par jour pour la satiété et le transit, mais **toujours associés** à des légumes. Évitez les fibres « dures » comme les blettes, la feuille de poireau, la scarole, le céleri-rave, le chou ou le concombre.

Les bons réflexes

- *Une cure de granulés de charbon afin d'absorber l'air en excès.*
- *Des tisanes à base de basilic, de cumin, de fenouil (vous pouvez croquer quelques graines à la fin du repas) pour faciliter la digestion.*
- *Le thé vert, pour ses vertus brûle-graisses et digestives.*
- *1,5 à 2 litres d'eau par jour, pour éliminer les toxines.*

Mangez des protéines pour leurs effets anorexigènes et sculpteurs du corps.

Pensez également à déjeuner et dîner dans de bonnes conditions, au calme, en prenant le temps d'apprécier le contenu de votre assiette. Il s'agit de mâcher et non de gober, de ne pas parler la bouche pleine pour ne pas avaler trop d'air, question d'éducation, certes, mais surtout de physiologie. Quant à l'alcool, s'il est consommé en excès, il aura des effets de rebond sur votre bidon.

ATTENTION

Si vous êtes une adepte du chewing-gum, faites attention de ne pas le garder en bouche plus que de raison, pour éviter les appels d'air.

À RETENIR

Les aliments à éviter, en cas de ballonnements

lait entier
fromages fermentés
viandes grasses
crudités
fritures
épices
eaux gazeuses
les fibres « douces »
(blettes, feuilles de poireau, scarole,
céleris rave, chou, concombre)
alcool
chewing-gum

Candidose

Selon des statistiques, cette infection chronique frappe entre 70 et 80 % de la population mondiale. Au cours de ces dernières années, les pathologies psychosomatiques et les candidoses sont en augmentation notable.

Parmi les différents facteurs incriminés, citons :
- L'alimentation moderne trop raffinée et trop sucrée, à base d'aliments oxydants tels le sucre blanc, le pain blanc à la levure, les pâtisseries industrielles, la friture, les fromage gras, les viandes grasses, les huiles raffinées, les levures et les champignons...
- L'utilisation quasi systématique des antibiotiques, mais aussi corticoïdes, la chimiothérapie, les transfusions sanguines et la plupart des vaccins !
- La surconsommation de tranquillisants.
- La pilule contraceptive.
- Les traitements contre l'ulcère.
- Une concentration trop importante de métaux lourds comme le cadmium ou le mercure, les composants chimiques dans les produits ménagers, la surexposition aux champs électriques et électromagnétiques.
- L'excès de colorants et conservateurs alimentaires.
- L'utilisation des pesticides, herbicides et antibiotiques dans l'agriculture.

Les candidoses sont dues à un champignon de type levure, dont le plus commun est le *Candida albicans*. Cette levure vit habituellement dans l'intestin humain, en se nourrissant des matières organiques en décomposition. Elle est généralement sans danger, tant que l'équilibre bactérien qui contrôle sa multiplication n'est pas altéré. Dans certaines conditions pourtant, elle peut se multiplier de manière excessive et envahir tout l'appareil digestif (bouche, intestin, anus). Après dissémination par voie sanguine, elle peut même se propager dans tout l'organisme (bronches, peau, vagin), sous

> **Les troubles digestifs chroniques liés au _Candida_**
>
> - *Ballonnements*
> - *Gaz*
> - *Flatulences*
> - *Crampes intestinales*
> - *Perturbations du transit*
> - *Régurgitations acides*

forme de muguet ou de mycoses. Ainsi, c'est l'altération du « terrain biologique » qui entraîne une prolifération de levures, suivie d'une défaillance du système immunitaire.

Lorsque le *Candida* se multiplie, il est capable de perturber l'équilibre de la flore intestinale, en détruisant les bifidobactéries. Il devient ainsi responsable d'indigestion, de mauvaise haleine, de gaz, de ballonnements, de diarrhée, de spasmes de l'intestin, et de démangeaisons anales. Il peut se développer dans les muqueuses où il est responsable d'inflammation de la bouche, de la gorge, des yeux, du vagin, du nez, des voies urinaires, des ongles et de la peau (eczéma, psoriasis, acné). Il peut également se transformer en une forme mycélienne agressive, capable de pénétrer dans les muqueuses gastro-intestinales, jusqu'aux vaisseaux sanguins et lymphatiques.

Le traitement de la candidose

Il est indispensable de traiter la candidose, dès lors que le diagnostic est posé. Pour autant, la rapidité et la qualité des résultats obtenus dépendront principalement du sérieux et de la persévérance du patient.

1. Changez votre comportement alimentaire

- **Boycottez le sucre**, et tous les produits à base de sucre, édulcorants de synthèse y compris. Évitez au maximum tous les aliments riches en hydrates de carbone et en sucre raffiné, ainsi que certains fruits beaucoup trop sucrés tels le raisin, le melon ou la banane.

L'homéo, pour se désintoxiquer du sucre

Prenez une dose de Saccharum officinalis (Boiron), une fois par semaine, pendant six semaines, pour vous libérer de la dépendance psychique au sucre.

- Évitez tous les aliments contenant de la levure, des moisissures, ou des ferments, comme le pain (surtout la mie), les pizzas, gâteaux et pâtisseries, tous les fromages fermentés, les champignons crus, toutes les boissons fermentées (bière, cidre), la sauce soja, et certains yaourts.
- Éliminez la viande bovine, la volaille d'élevage, tous les produits à base de porc, ainsi que les viandes et les poissons fumés.
- Évitez toutes les céréales riches en gluten, blé, seigle, avoine, orge, et proscrivez le maïs, car il contient trop de sucre. Il est préférable de consommer du pain azyme, de la pita, des Wasa, du riz, du sarrasin, et du quinoa.

- Les aliments traités, raffinés et « pré-préparés » n'ont presque aucune valeur nutritive, et ils contiennent à peu près tous du lait de vache, du sucre, du gluten, et de grandes quantités de colorants, conservateurs et « agents » divers, très nocifs pour la santé.

2. Soigner la flore intestinale

- En premier lieu, une **irrigation du côlon**, pratiquée par un thérapeute confirmé, est la forme d'hygiène intestinale la plus accomplie et la plus efficace. C'est une méthode douce, contrôlée et approfondie de désencombrement et détoxication du gros intestin et de l'organisme tout entier par des bains internes successifs. Elle occupe une place de premier ordre dans l'histoire de la santé et du bien-être physique, psychique et émotionnel des peuples du monde entier depuis des millénaires, pour purifier corps et esprit et transformer la dynamique intestinale, immunitaire, énergétique et psychique.

- Une **cure de probiotiques**, pendant un minimum de six mois, est indispensable car les « bonnes » bactéries qui peuplent l'intestin sont un élément essentiel de nos défenses naturelles : elles protègent de certains micro-organismes, comme le

Le régime du candidat au *Candida*

Les céréales intégrales sans gluten, les farines complètes, le pain de millet complet, le pain au son, le riz et les pâtes complètes, les germes de blé. Les fèves fraîches, les lentilles. Le céleri, le navet, les germes de soja, les pousses de bambou, les cœurs de palmier, les salsifis, l'aubergine, la courgette, le concombre, la tomate, les radis, les champignons, le chou, le chou-fleur, les haricots verts, le poireau, l'artichaut, le poivron, la salade verte, les épinards. Le chocolat sans sucre. Les pois chiches, les pois cassés, les haricots secs.

Candida, limitent la production de gaz et améliorent généralement les défenses immunitaires.

- **L'acide caprylique** (octylique) est traditionnellement utilisé contre la prolifération du *Candida albicans*. C'est un acide gras, présent dans l'huile de noix de coco, par exemple, qui agit au premier niveau de l'appareil gastro-intestinal, par une action antifongique. Il est capable de désagréger les parois cellulaires des levures, ce qui contribue à en contrôler la prolifération et à normaliser la flore intestinale.

À RETENIR

À l'état pur, la posologie sera de 5 à 10 gouttes deux fois par jour diluées dans de l'eau.

- **L'extrait de pépins de pamplemousse** : c'est un puissant germicide, capable à lui seul d'inactiver des virus, des levures, des champignons, des parasites, des vers aussi bien que des bactéries. L'efficacité de l'extrait de pépins de pamplemousse s'exerce également au niveau immunitaire grâce aux biflavonoïdes qui le composent, aux glucosides (narginine), quercétines et à l'hespéridine. C'est donc avec le plus grand avantage que cet extrait peut être employé dans le traitement de la candidose digestive.

ATTENTION

Compte tenu du régime alimentaire nécessaire au traitement de la candidose, une complémentation adaptée doit être mise en place pour éviter les carences et pour protéger contre l'oxydation, mais il est souhaitable que le protocole de complémentation soit mis en place par un thérapeute formé en nutrithérapie orthomoléculaire.

Côlon irritable

Côlon ou intestin irritable, un mal fréquent dont les causes restent encore méconnues. Les femmes sont plus touchées par le syndrome du côlon irritable ; elles représentent deux tiers des malades. Outre une infection intestinale qui provoquerait la maladie, la plupart des patients souffrent plutôt d'une hypersensibilité du système digestif, dont les causes sont diverses et variées.

Le stress en cause

Le stress est généralement un facteur déclenchant, tout comme une vulnérabilité psychique, liée à des chocs émotionnels et affectifs. D'où l'expression « la peur au ventre » ou « avoir un poids sur l'estomac ». Lorsque l'on n'a pas « digéré » certains événements traumatiques, ils continuent à se manifester sous la forme de constipation chronique ou de diarrhées, parfois les deux, entraînant des spasmes, des douleurs au quotidien, des ballonnements après le repas, et ce, pendant des années, pour ceux que l'on appelle « colopathes fonctionnels ». De ce fait, le colopathe est souvent d'humeur dépressive, de par sa qualité de vie qui en est altérée, et l'incompréhension de son entourage.

Les méthodes douces à tester !

- *L'hypnothérapie*
- *La sophrologie*
- *L'acupuncture*
- *La psychothérapie*
- *Le yoga*
- *La méditation*

Ainsi, pour soulager les symptômes, il sera bon de s'intéresser aux causes, autant qu'au régime alimentaire. En effet, une bonne hygiène de vie, associée à une alimentation adéquate pour ne pas irriter le côlon, et à des méthodes douces pour se détendre et évacuer son stress vont permettre de réduire les crises, et améliorer le quotidien.

Cinq astuces pour bouger plus

- *Boycottez les ascenseurs ; prenez les escaliers.*
- *Allez faire vos courses à pied, plutôt qu'en voiture.*
- *Descendez du bus, un arrêt avant votre destination.*
- *Le week-end, organisez une balade en forêt.*
- *Proposez vos services pour promener le chien du voisin, si vous n'en avez pas.*

Première règle : bougez, bougez, bougez !

Point n'est besoin de « soulever de la fonte » ni de s'inscrire dans une salle de sport. Votre première résolution sera de lutter contre la sédentarité : bouger, et être dans l'action. Ne pas dire « je vais faire », mais « je fais ». Rien ne vaut la marche, pour masser les organes, et remettre le système digestif en route. Par ailleurs, le sport est un excellent antistress, qui agit également sur la qualité du sommeil. L'important est de trouver une activité physique qui vous plaise, que ce soit la marche, le jogging, la natation, ou le vélo. Sans oublier vos cinq minutes d'abdominaux par jour, qui seront efficaces, sur le long cours.

Deuxième règle : une bonne alimentation

Quelques règles de nutrition peuvent vous aider à limiter les crises de colites spasmodiques, et à mieux digérer. En

Les aliments à privilégier

Les viandes et les poissons grillés, le jambon cuit.

Le lait en poudre, le beurre frais.

Les pommes de terre « vapeur », les tomates épépinées et pelées, les haricots verts, les carottes, le céleri, la courgette, le fenouil.

Les œufs à la coque, pochés, ou au plat.

Les biscottes, le pain complet, au son, au seigle, aux céréales, le riz, les pâtes, les flocons d'avoine.

Le miel.

Les aliments à boycotter

Les viandes et les poissons gras.

Le lait frais, le café noisette.

Les frites, les chips, les artichauts, les légumes secs, les châtaignes, le maïs, les crudités, le chou, la choucroute, les radis, l'oseille, le concombre, le melon, les fruits verts, les bananes, les oranges, les pruneaux, les noix, les noisettes, les amandes.

Les œufs au plat.

Le pain blanc, les pâtisseries, les crèmes glacées, le chocolat.

Le café.

Les boissons gazéifiées.

L'alcool.

Les bons réflexes

Bien dormir : *le système digestif arrive en tête de liste, des systèmes automatiques, perturbés par un sommeil inefficace. Il est donc important d'avoir un temps de sommeil suffisant.*

Savoir dire non : *éviter de s'imposer des plannings surchargés, qui ne pourront pas être tenus. Il faut se forcer à reporter certaines tâches à plus tard ! Plus facile à dire qu'à faire, mais nécessaire au confort digestif. Par exemple, faites sonner le réveil dix minutes plus tôt, pour prendre le temps de se préparer tranquillement, et ne pas avaler le petit déjeuner à vitesse grand V.*

effet, en revisitant vos menus, en privilégiant certains aliments digestes, au détriment de ceux qui peuvent provoquer des spasmes et des ballonnements, vous devriez retrouver un confort intestinal en peu de temps, ou tout du moins, prévenir, voire soulager les désagréments digestifs.

Troisième règle : la relaxation

La détente, musculaire et psychique, va permettre au colopathe de soulager les douleurs abdominales qui le perturbent au quotidien. Il n'est pas facile de se relaxer, lorsque l'on n'y est pas habitué, que l'on est sans arrêt dans le contrôle. Pour autant, seul le « lâcher prise » sera salvateur. Pour ce faire, fixez-vous des objectifs, tels que se faire plaisir et prendre soin de soi, une fois par jour, sans culpabiliser. Petit à petit, vous devriez constater des changements positifs, qui vous donneront l'envie de poursuivre dans cette voie.

Les massages, la panacée des colopathes

Rien de tel qu'un massage pour relancer un transit paresseux. Si vous en avez la possibilité, offrez-vous un massage en institut, une fois par mois. Si vous n'aimez pas vous déshabiller, pensez au shiatsu, qui rééquilibre les énergies, et travaille sur les organes, avec une vision holistique, tout à fait adaptée pour les colopathes. Par ailleurs, un automassage révélera toute son efficacité. Ayez le réflexe, lors d'une crise, de masser votre ventre tout doucement, avec des petits mouvements circulaires, dans un sens, puis dans l'autre, tout en respirant lentement et profondément, durant quelques minutes. Le massage va vous apporter une grande détente, et la douleur va s'atténuer, voire disparaître. Attention, cela déclenche souvent, dans le quart d'heure qui suit, l'envie d'aller à la selle ! Ces automassages sont donc à privilégier quand on est chez soi !

Respirez comme les bébés !

Nous avons tendance à respirer avec le haut de la cage thoracique, seulement, alors que nous devrions respirer par le ventre pour « aérer » tout le poumon. C'est la respiration naturelle des bébés, qui se perd en grandissant. La pratiquer régulièrement, au lever, et au coucher, vous procurera une sensation de détente, et favorisera la reprise d'un système digestif perturbé.

En complément d'une bonne hygiène de vie, pensez également aux

À RETENIR

Respiration abdominale, mode d'emploi

Posez une main sur le ventre. Inspirez, très lentement, en remplissant d'air votre ventre. Il se gonfle, tandis que le diaphragme s'abaisse. Bloquez la respiration quelques secondes, puis expirez lentement par la bouche, jusqu'à ce que votre ventre soit rentré au maximum. Le diaphragme remonte. Cette respiration stimule les organes digestifs, élimine les gaz, et facilite la digestion.

Les probiotiques sont des micro-organismes qui, ingérés vivants, sont capables de pallier les dysfonctionnements de l'écosystème intestinal, en renforçant la flore intestinale, et en empêchant la prolifération des germes indésirables.

probiotiques, en cure de six mois minimum, pour obtenir de bons résultats. Ces bactéries lactiques sont de « bonnes bactéries » qui permettent de seconder efficacement la flore. L'intérêt pour les probiotiques est assez récent. C'est un savant russe, Metchnikoff qui, au début du xxe siècle, attribue la longévité et la santé des Bulgares à la présence en grand nombre de bactéries lactiques dans le yaourt. Il ouvre la voie pour des recherches plus approfondies sur cette famille de bactéries qui prendra le nom de « probiotiques » en 1965. Une étude récente a permis de mettre en évidence que la consommation de probiotiques s'accompagne d'une réduction de 43 % des douleurs abdominales, associées aux troubles fonctionnels intestinaux. Le confort digestif des sujets est également amélioré, avec une réduction des ballonnements et des flatulences.

Des probiotiques adaptés à votre problématique

Pour obtenir le bénéfice recherché, il faut prendre en compte plusieurs paramètres. Tout d'abord, les effets des probiotiques sur la santé sont « doses dépendantes », c'est-à-dire qu'ils sont fonction de la quantité ingérée. Ensuite, il faut savoir que toutes les souches probiotiques n'ont pas les mêmes effets. C'est pourquoi il est nécessaire de demander conseil à un professionnel de la santé, un médecin micro-nutritionniste, par exemple, qui vous prescrira les souches et les quantités les mieux adaptées à vos besoins.

Constipation

On parle de constipation à partir du moment où l'on constate moins de trois selles par semaine ou une difficulté d'évacuation des selles, se révélant plus dures que la normale. Les deux mécanismes le plus souvent en cause sont une paresse du gros intestin ou un dessèchement des selles. Il est important de différencier une constipation occasionnelle, liée aux transports, à un décalage horaire, à la grossesse, au stress, à un régime, de la constipation chronique, qui dure plusieurs mois, voire plusieurs années.

À RETENIR

La constipation est fréquente ; une femme sur deux en est atteinte.

Dans ce dernier cas, il est important de consulter, car ses conséquences peuvent être graves, à long terme :
• toxines passant dans le sang ;
• destruction de la flore intestinale : dysmicrobisme intestinal ;
• congestions pelviennes ;
• troubles circulatoires, varices, phlébites, hémorroïdes ;
• colites ;
• dermatoses ;
• maladies cardiaques et dégénératives.

S'il est difficile de relier un régime protidique et une constipation chronique, il apparaît néanmoins que la fréquence de ce problème reste anormalement élevée. C'est ce que j'ai constaté, au travers des différents échanges que j'ai pu avoir avec un certain nombre de mes patients, et qui m'amène à reformuler une véritable stratégie « anticonstipation ». Cette procédure se décompose en une étape

« préventive », à mettre en place systématiquement, et une étape « curative » à ne réserver qu'aux cas récalcitrants.

La prévention, en deux phases

La diététique et l'hygiène : boire beaucoup d'eau, au moins 1,5 litre par jour, sous forme d'eau minérale, plate, de type Hépar®, Contrex® ou Talians®, ainsi que du thé et des tisanes à volonté. À jeun, pensez à boire un grand verre d'eau froide. Consommez des légumes en quantité, pour leur richesse en fibres. Privilégiez le pain complet, au son, ou de campagne. Enfin, prenez le temps de manger, à heure fixe, en évitant les grignotages. Mangez lentement, dans le calme, en mastiquant bien les aliments.

L'activité physique et le sport : luttez contre la sédentarité, en augmentant l'activité physique. Allez faire le marché, marchez le plus souvent à pied, descendez une station plus tôt, en bus ou en métro, et surtout, utilisez les escaliers. Pratiquez la marche au quotidien, la natation ou le vélo pour retrouver une harmonie digestive, en plus de cinq minutes d'abdominaux par jour, au minimum.

Le traitement, en deux phases

La diététique et l'hygiène : privilégiez pendant quelque temps les légumes cuits. Allez à la selle tous les jours, en

En complément

- *Huile de paraffine ou Lansoÿl gel, sans sucre : 1 à 3 cuillères à soupe par jour, à distance des repas.*
- *Forlax® sachets (sans ordonnance) : 1 à 2 sachets par jour, en une seule prise le matin, de préférence. L'effet se manifeste dans les 24-48 heures.*

Si le problème persiste, consultez votre médecin traitant.

vous imposant une heure précise, toujours la même, pour réadapter votre organisme.

L'activité physique et le sport : poursuivez une activité physique hebdomadaire, en complément d'un automassage. Le geste est simple. Allongée, massez la zone du gros intestin, avec les deux mains à plat. En débutant au bord inférieur droit du ventre (zone de l'appendice), puis en remontant vers les côtes et en les longeant horizontalement. Arrivé au bord gauche du ventre, redescendre le long du bord gauche et s'arrêter au niveau de la hanche gauche. Répétez ce massage plusieurs fois dans la journée ; il est d'une grande efficacité.

> ### Le bon réflexe
>
> *Essayez d'aller à la selle tous les jours, à heure fixe, de façon à créer ce que l'on appelle « le réflexe d'exonération ». Dans un premier temps, le recours à une aide, sous forme de suppositoire à la glycérine, est tout à fait conseillé, car cela permet d'aller à la selle quand on le décide, et non plus de le subir.*

Les plantes, en tisane ou en gélules

Il existe de nombreux complexes à base d'extraits de plantes, *laxatives ou purgatives*, qui favorisent la reprise du transit ou sa régularité. Citons l'ispagul, le thé vierge, le son, la figue et les graines de lin, particulièrement efficaces.

L'ispaghul

Les téguments des graines d'ispaghul sont riches en mucilages galacturoniques. Ces mucilages, au contact de l'eau, forment un gel non assimilable par l'organisme dans l'estomac, qui régule le transit intestinal et provoque un effet coupe-faim. L'ispaghul est également un bon régulateur du taux de sucre sanguin, avec des vertus anticholestérol.

Le thé vierge

Les feuilles de thé vierge, appelé aussi **thé vert**, stimulent la lipolyse et la thermogenèse, permettant de mobiliser et d'évacuer plus vite les graisses de réserve, et par conséquent, les kilos excédentaires et disgracieux. Le thé vierge freine et réduit l'absorption intestinale des lipides (graisses) et des glucides, en inhibant partiellement certaines enzymes digestives, grâce à ses polyphénols. Ainsi, une partie des lipides et des sucres ne sera pas assimilée par l'organisme, ni stockée dans les tissus graisseux.

Le son d'avoine

Peu calorique, savoureux, il s'offre à toutes les préparations. On peut en faire des crêpes, des blinis, des galettes ou le saupoudrer sur les salades, les yaourts et les veloutés. Il présente la double particularité de ralentir la pénétration des sucres, transformant les sucres rapides en sucres lents, et de freiner le passage des graisses. En effet, le son d'avoine gonfle au contact de l'eau et distend l'estomac en exerçant un effet de réplétion et de rassasiement. Enfin, il facilite un bon transit, sans irriter le côlon.

La figue

Très riche en fibres, elle est réputée pour stimuler les intestins et lutter contre la constipation. À noter que, pour une meilleure digestibilité, il est conseillé de la consommer fraîche, bien mûre, ou séchée, pour relancer un transit intestinal paresseux.

Les graines de lin

Riches en oméga 3, en fibres et en phytœstrogènes, les graines de lin traitent la constipation chronique, le syndrome de l'intestin irritable, l'inflammation intestinale causée par l'abus de laxatifs, la diverticulite, et soulagent la gastrite et l'entérite. Pour conserver les bienfaits des oméga 3, les graines de lin doivent être broyées légèrement, au moulin à café. Une fois moulues, conservez-les au frais, dans une boîte hermétique. Consommez-les dans vos préparations, ou en saupoudrant vos yaourts et vos céréales.

RECETTE TISANE MAISON

Tisane à la menthe

Pour 1 tasse.
Préparation : 5 min. Cuisson : 5 min

Ingrédients : *25 cl d'eau ; une douzaine de feuilles de menthe bien fraîche ; un morceau de sucre.*

Faites bouillir l'eau et éteignez le feu. Ajoutez les feuilles de menthe et laissez-les infuser pendant une dizaine de minutes. Remettez un peu sur le feu mais sans faire bouillir. Éteignez le feu et ajoutez le sucre. Servez de suite.

Contraception

RECETTE TISANE MAISON

Une pilule, une tisane de romarin

Combinez la prise de la pilule avec une tisane de romarin, le soir au coucher. Le romarin est une plante carminative, c'est-à-dire qu'il aide à expulser les gaz, et soulage les ballonnements.

Mode d'emploi :
faites infuser 1 c. à c. de romarin séché dans une tasse d'eau bouillante, puis filtrez.

Il existe de nombreuses pilules contraceptives, lesquelles ne sont pas toutes équivalentes. Les contraceptifs oraux les plus courants sont les pilules œstroprogestatives, un combiné d'œstrogènes et de progestatifs. Quant aux minipilules, de plus en plus prescrites, elles ne contiennent que des progestatifs. Les dosages d'hormones varient d'une pilule à l'autre, ce qui peut expliquer une légère prise de poids ou des ballonnements lorsque l'on prend la pilule pour la première fois, ou que l'on change de pilule en cours de route. En général, l'organisme s'adapte assez rapidement, et les symptômes s'estompent dans les trois premiers mois. Les nouvelles pilules étant bien plus faiblement dosées que les anciennes, la prise de poids reste exceptionnelle, et survient plutôt d'une augmentation de l'appétit due aux hormones, que des hormones elles-mêmes. Autre avantage : les règles sont moins abondantes, moins longues, donc moins douloureuses.

Quand changer de pilule ?

Si vous avez les jambes lourdes, les doigts boudinés, et des difficultés à boutonner votre pantalon, ces symptômes indiquent que vous avez une tendance à la rétention d'eau. Une étude a mis en avant le fait que les femmes sujettes à la rétention hydrosodée, ou à des sensations de gonflement, prennent plus de poids, sous pilule, que les autres. De même pour près de la moitié de celles qui ont les « jambes lourdes » et 40 % de celles qui souffrent de ballonnements.

En effet, les œstrogènes favorisent la rétention hydrosodée, particulièrement chez les femmes qui y sont naturellement sujettes. Jusqu'à présent, les femmes victimes de rétention d'eau, et qui choisissaient malgré tout la contraception orale, n'avaient le choix qu'entre deux mauvaises solutions : lutter contre la prise de poids par des régimes hypocaloriques, en risquant une fonte de la masse musculaire ou bien abandonner cette contraception plébiscitée par 94 % des femmes pour son efficacité et son côté pratique. Aujourd'hui, de nouvelles pilules sont à votre disposition, dont la particularité est de contenir un progestatif original très proche de la progestérone naturelle, la drospirénone, qui entraîne une diminution de la rétention de l'eau et du sodium, à l'origine des ballonnements.

ATTENTION

En dehors des ballonnements, reste à préciser que les femmes qui n'y sont pas sujettes, sous pilule, mais qui fument, sont contraintes à changer de mode de contraception, à partir de 35 ans. En plus de tous les autres problèmes de santé que le tabagisme peut causer, il accroît les risques, en association avec la prise de la pilule contraceptive.

Les moyens de contraception, nouvelle génération

Parmi les contraceptifs sophistiqués, citons **les patchs ou les timbres à hormones**, que l'on colle à même la peau, sur l'avant-bras. Ils libèrent un œstrogène et une progestérone dans le sang, qui bloquent l'ovulation. Ils doivent rester en place trois semaines sur quatre.

Autre moyen de contraception qui a fait ses preuves, **l'anneau vaginal** stéroïdien. Conçu dans une matière souple et flexible, d'un diamètre d'environ 54 millimètres, ce dernier se positionne facilement, et libère également des œstrogènes et des progestatifs qui bloquent l'ovulation. Les doses libérées correspondent à celles de la pilule la moins dosée. Ainsi, ils présentent très peu d'effets secondaires rapportés, et notamment, ni troubles gastro-intestinaux ni migraines, tout en réduisant le risque de perte de sang entre les cycles. Ils assurent également un meilleur contrôle du cycle et le caractère d'inhibition de l'ovulation est réversible. Le retour à la fécondité a lieu dans les quinze jours qui suivent l'arrêt du traitement.

Quant au **stérilet aux hormones**, il est en passe de devenir l'un des dispositifs intra-utérins les plus performants et de remplacer le traditionnel stérilet en cuivre. Il se présente sous la forme d'un appareil en forme de T, de la taille de l'utérus et libère à faible dose, une progestérone de synthèse. Il peut être posé, sans aucune contre-indication, aux femmes ayant subi une IVG, une césarienne, et à celles qui allaitent.

Enfin, **l'implant contraceptif** est un moyen de contraception efficace, à plus de 95 %. Il se présente comme un réservoir en matière plastique souple, aussi long, mais plus fin qu'une allumette. Il est inséré sous la peau du bras, au moyen d'une aiguille creuse, sous anesthésie locale. Une fois en place, il libère une hormone progestative dans le sang. Son avantage : il est généralement invisible, parfaitement indolore, efficace durant trois ans, et indiqué pour toutes les femmes, même celles qui fument.

Dysménorrhées

Le terme « dysménorrhée » désigne les difficultés menstruelles en général, mais on l'utilise généralement pour parler des maux de ventre, qui précèdent ou accompagnent les règles. Il s'agit de crampes douloureuses dans le bas de l'abdomen. Dans les cas les plus sévères, les douleurs irradient dans le bas du dos et à l'intérieur des cuisses, jusqu'à provoquer des migraines, des nausées ou des vomissements. Les règles douloureuses sont fréquentes à la fin de l'adolescence et à la périménopause, des périodes de fluctuations hormonales. Les douleurs qui surviennent à ces moments de la vie ne sont généralement pas inquiétantes et ne cachent aucun trouble gynécologique sous-jacent. Chez l'adolescente, les douleurs s'amenuisent avec les années et disparaissent souvent après une première grossesse. La prévalence des douleurs menstruelles varie d'une femme à l'autre, sachant que 5 à 15 % d'entre elles sont si incommodées qu'elles sont contraintes au repos durant cette période.

Les profils à risque

- *Dysménorrhée héréditaire*
- *Puberté avant l'âge de 11 ans*
- *Col de l'utérus étroit ou rétroversion du col de l'utérus*

Les facteurs de risque

- *Le surpoids*
- *Fumer*
- *Boire de l'alcool durant les menstruations*
- *Le stress et l'anxiété*
- *Le manque d'exercice*
- *Le port d'un stérilet, à l'exception du Mirena, un stérilet contenant un progestatif qui, au contraire, peut diminuer significativement les douleurs menstruelles*

Les bons réflexes alimentaires

Les prostaglandines, ces substances lipidiques dérivées d'acides gras polyinsaturés, que l'on trouve dans la plupart des tissus animaux, sont également des messagères cellulaires de type hormonal. Elles participent notamment à la régulation du tonus des vaisseaux sanguins, stimulent les contractions utérines et jouent un rôle crucial dans le contrôle des douleurs menstruelles. D'où l'importance de consommer des acides gras essentiels durant les règles, et plus particulièrement des oméga 3, aux effets anti-inflammatoires tandis que les oméga 6 sont plutôt responsables de l'inflammation.

CONSEIL

Faites le plein d'oméga 3 !

• *Huiles de poisson*
• *Poissons gras (maquereau, saumon, hareng, sardines)*
• *Huile et graines de lin*
• *Huile et graines de chanvre*
Selon une enquête épidémiologique effectuée au Danemark, auprès de 181 femmes, âgées de 20 à 45 ans, les femmes qui souffraient le moins de dysménorrhée étaient celles qui consommaient le plus d'acides gras oméga 3, d'origine marine.

Les aliments « inflammatoires » à boycotter

Certains aliments créent une réaction inflammatoire au niveau de l'organisme. Donc, si vous souffrez de règles douloureuses, le fait de modifier votre régime alimentaire sur une semaine peut réduire considérablement les spasmes et les douleurs. En conséquence, respectez les cinq règles d'or :

- Diminuez votre consommation de sucres raffinés, car ils entraînent une surproduction d'insuline, ce qui favorise la production de prostaglandines pro-inflammatoires.
- Limitez la margarine, le beurre et les graisses animales, qui sont des sources de gras trans, à l'origine des prostaglandines pro-inflammatoires.
- Éliminez les viandes rouges, qui ont un contenu élevé en acide arachidonique (un acide gras à la source de prostaglandines pro-inflammatoires).
- Vérifiez que vous n'êtes pas carencée en vitamine C, vitamine B6 ou en magnésium. Ces micronutriments sont indispensables au métabolisme des prostaglandines, et leur carence est responsable d'un facteur inflammatoire.
- Évitez de boire du café lorsque les douleurs sont présentes. Au lieu d'évacuer la fatigue et le stress, le café augmente plutôt les douleurs, puisque ses effets sur l'organisme s'apparentent à ceux du stress.

Essayez les méthodes douces !

Une femme qui souffre de dysménorrhées chaque mois devrait essayer des méthodes douces comme la massothérapie, le yoga ou la méditation, pour réduire son degré de stress et d'anxiété.

ATTENTION

Même si elle est efficace, l'aspirine n'est pas recommandée en cas de règles douloureuses. Comme elle fluidifie le sang, elle peut être responsable de règles hémorragiques.

Concernant les dysménorrhées à proprement parler, plusieurs méthodes ont fait leurs preuves pour les soulager, voire les faire disparaître :

L'acupression

Cette méthode consiste à exercer une pression sur les points d'acupuncture, utilisés en médecine traditionnelle chinoise, pour faire circuler l'énergie, et réduire la douleur. Certaines formes de massothérapie utilisent l'acupression. C'est le cas du Jin Shin Do®, du massage Amma, du massage Tui Na et du shiatsu. À noter que l'acupuncture, l'une des méthodes d'acupression utilisant de fines aiguilles, est très efficace pour soulager les douleurs menstruelles.

La stimulation électrique transcutanée (TENS)

Cette méthode consiste à envoyer des impulsions électriques, par l'intermédiaire d'électrodes posées sur la peau. Elles peuvent être localisées sur la zone douloureuse ou sur les points d'acupuncture traditionnellement utilisés en médecine chinoise. Le TENS diminue la douleur, en favorisant une meilleure circulation sanguine.

Complémentez à bon escient !

La broméline et la papaïne

Ce sont des enzymes protéolytiques qui se trouvent dans l'ananas et la papaye. Ces enzymes semblent être efficaces pour traiter la dysménorrhée chez certaines femmes, de par leurs effets relaxants, dus à l'inhibition de la production de prostaglandines.

Les plantes merveilleuses des règles douloureuses

Actée à grappes noires (*Actea racemosa*) : *les Amérindiens l'utilisaient pour traiter les problèmes féminins liés aux menstruations et à la ménopause. Elle est très efficace dans le traitement de la dysménorrhée.*

Le fenouil (*Foeniculum vulgare*) : *traditionnellement utilisé pour soigner la dysménorrhée ; il semble que la plante exerce une action de type œstrogénique.*

Le saule blanc (*Salix alba*) : *la principale substance active de l'écorce de saule, la salicine, se transforme en acide salicylique (composant de l'aspirine) dans l'organisme, libérant des propriétés analgésiques reconnues. Faites infuser 3 g d'écorce dans 150 ml d'eau bouillante, pendant 5 minutes. Boire trois à quatre tasses par jour.*

Graines d'aneth (*Anethum graveolens*) : *à mâcher ou à prendre en tisane, à raison de 3 g par jour, ou en huile essentielle, à raison de 2 à 6 gouttes par jour, par voie orale.*

Fleurs séchées de souci (*Calendula officinalis*) : *faites infuser de 1 à 2 g de fleurs séchées dans 150 ml d'eau bouillante pendant 5 à 10 minutes. Boire trois à quatre tasses par jour.*

Camomille allemande (*Matricaria recutita*) : *faites infuser 3 g de fleurs séchées dans 150 ml d'eau bouillante pendant 5 à 10 minutes. Boire trois à quatre tasses par jour.*

Le magnésium

En favorisant la relaxation musculaire et, notamment, celui du muscle utérin, une supplémentation en magnésium soulagerait les symptômes de la dysménorrhée. À prendre les trois jours qui précèdent l'arrivée des règles, et les deux premiers jours de celles-ci.

La vitamine E

En favorisant l'apport sanguin au muscle de l'utérus, cela peut atténuer la douleur, durant les menstruations.

Mes astuces antidouleur

• Placez un coussin chauffant ou une bouillotte sur l'abdomen ou le bas du dos. Vous pouvez également appliquer une compresse chaude à la camomille sur le bas-ventre. Pour ce faire, trempez un tissu fin dans une infusion de 50 g de fleurs de camomille pour un litre d'eau bouillante. Essorez, puis posez sur le bas-ventre, en vous assurant au préalable que la température n'est pas trop élevée.

• Prenez un bain bien chaud, additionné de 200 g de bicarbonate de soude.

• Faites des exercices légers comme des étirements, de la marche ou de la bicyclette, même si vous avez mal au ventre. Une activité comme la marche rapide permet d'activer la circulation dans le bas-ventre et de réduire la douleur. N'hésitez pas à marcher d'un bon pas pendant une vingtaine de minutes, et pas seulement quand la douleur est là. La pratique régulière d'un sport favorise aussi l'oxygénation du corps. Et c'est un bon antistress qui atténue les symptômes menstruels.

- Évitez les situations stressantes lorsque les menstruations approchent.

La contraception, un remède aux dysménorrhées

La prise d'un contraceptif oral peut atténuer les douleurs, en réduisant la production des prostaglandines, ainsi que le flux menstruel. Autre méthode, tout aussi efficace, la pilule anticonceptionnelle en continu, qui provoque une aménorrhée. Si vous ne souhaitez pas prendre la pilule, une autre option est de porter le stérilet Mirena. Il s'agit d'un dispositif intra-utérin, recouvert d'un progestatif. Il s'insère dans l'utérus comme un stérilet. En plus d'être contraceptif, il réduit significativement les menstruations et les douleurs. Il ne doit être changé que tous les cinq ans.

Grossesse et allaitement

La grossesse est une période propice aux problèmes de digestion et autres brûlures d'estomac... Petite liste de suivi à l'usage de toutes les futures et jeunes mamans !

Grossesse

Premier trimestre

Au terme de votre premier mois de grossesse, vous êtes approximativement à six semaines d'aménorrhée. Certaines femmes peuvent avoir de petites pertes de sang qui correspondent généralement à l'implantation de l'œuf dans l'utérus. L'augmentation de la production hormonale provoque une hypertension des seins, une somnolence, et des nausées. Sur le plan alimentaire, il est possible que l'idée même de manger vous écœure ou que vous soyez prise de fringales inhabituelles. Votre ventre a gonflé ; vous êtes un peu serrée dans vos pantalons, et le transit fonctionne déjà au ralenti. Mois après mois, votre ventre sera le reflet du petit être qui grandit en vous.

À RETENIR

Prise de poids idéale

La prise de poids inhérente à la maternité doit être particulièrement suivie. Ainsi, en fonction de votre poids, en début de grossesse, vous devrez surveiller les kilos qui s'affichent sur la

balance, pour rester en bonne santé, ne pas souffrir d'hypotension artérielle, de phlébites, de diabète, d'infections urinaires, de risque de césarienne et de complications après l'accouchement, comme la cellulite, l'incontinence urinaire ou les varices.

• Une femme de poids normal : environ 10-12 kg
• Une femme en surpoids (25 < IMC < 30) : 8-10 kg
• Une femme obèse (IMC > 30) : devrait garder un poids stable pendant les six premiers mois, et ne pas prendre ensuite plus de 5-6 kg pendant le dernier trimestre

Au cours du deuxième mois, votre corps se modifie progressivement. Certaines femmes ont toujours des nausées, d'autres non. La sensation de jambes lourdes peut apparaître. L'utérus grossit ; il a la taille d'une orange. Comme il appuie sur la vessie, le besoin d'uriner est plus fréquent. Il est normal de ressentir des élancements au niveau de l'utérus. La taille s'épaissit, les seins sont plus gonflés. Les coups de pompe sont fréquents, surtout après les repas.

ATTENTION

Les viandes crues et les produits au lait cru sont à bannir, du fait des risques gravissimes de contracter la toxoplasmose ou la listériose.

À RETENIR

Ne mangez pas pour deux, mangez deux fois mieux !

Consommez de la **viande cuite**, *pour son fer facilement assimilable.*
Consommez des **produits laitiers au lait pasteurisé**, *pour leur richesse en calcium et en protéines.*

→

> *Consommez du* **pain**, *des* **céréales**, *des* **féculents**, *mais en quantité modérée, pour leur apport en sucres lents.*
> *Consommez des* **fruits** *et* **légumes**, *pour leurs vitamines.*
> *Buvez au moins* **1,5 litre d'eau plate**, *et des tisanes, au cours de la journée.*

Lors du troisième mois, votre bébé est passé du stade d'embryon à celui de fœtus : un être complet en miniature qui va mûrir et grandir, bien au chaud dans l'utérus. Votre ventre prend du volume ; vous rangez vos jeans dans les placards. Il est possible qu'une ligne foncée apparaisse sur votre ventre, entre le nombril et le pubis. Votre utérus a maintenant le volume d'un pamplemousse, et il devient nettement palpable derrière le pubis. Les nausées vont s'estomper et disparaître, mais la fatigue peut perdurer.

À RETENIR

Les bons réflexes

- *Saupoudrez de la levure de bière, riche en folates, sur vos salades, vos yaourts, et vos veloutés.*
- *Évitez les grignotages.*
- *Pratiquez une activité physique quotidienne, comme la marche et la natation, en excluant les sports violents ou à risque. Il est important de renforcer les abdominaux et le dos, avec des exercices adaptés.*

À RETENIR

Du sport, oui, mais sans trop d'efforts !

L'activité sportive peut être maintenue tout au long de la grossesse, mais à partir du deuxième trimestre, il est nécessaire de prendre des précautions. Vous ne devez pas solliciter exagérément le cœur, ni pratiquer un sport à secousses. En revanche, il est important d'entretenir la tonicité de la peau et la musculature abdominale. Cela stimule le retour veineux, et permet de lutter contre les jambes lourdes et les varices.

Sports conseillés : *la marche (20 min/jour), la natation, la gymnastique douce, le yoga, le vélo.*

Sports inadaptés : *le tennis, le jogging, car les ligaments sont plus fragiles durant la grossesse.*

Sports à proscrire : *les sports de combat, l'équitation, le ski, le patinage, la plongée sous-marine.*

Deuxième trimestre

À la fin du quatrième mois, l'utérus atteint le niveau du nombril. Cela peut provoquer des douleurs, des étirements, de chaque côté du bas-ventre : ce sont les douleurs ligamentaires. L'utérus est un gros muscle attaché aux os du bassin par des ligaments. Au cours de sa croissance, ces ligaments sont mis en tension et deviennent douloureux. Les douleurs prédominent à l'aine. Elles surviennent brusquement, au cours de la marche ou d'un changement de position. Ce phéno-mène accentue la pression sur la vessie, d'où l'envie

Astuce anticonstipation

Le soir, laissez tremper cinq pruneaux, recouverts d'eau, et au réveil, buvez le jus, puis mangez les fruits. Cela relancera votre transit aussitôt.

La bonne position pour dormir

Prenez l'habitude de dormir surélevée, en haut et en bas, avec un gros oreiller calé sous la nuque, pour éviter les remontées acides de l'estomac, et sous les jambes, pour améliorer la circulation sanguine. L'idéal étant la position sur le côté gauche, afin de libérer les gros vaisseaux, comprimés par l'utérus.

fréquente d'uriner. Continuez à boire néanmoins. Les intestins devant faire de la place à l'utérus grandissant, des troubles du transit peuvent apparaître, avec notamment, une constipation. Les brûlures d'estomac y sont souvent associées.

Dès le cinquième mois, vous sentez votre bébé bouger. Vous êtes plus sereine, moins fatiguée, mais essoufflée. Votre ventre s'arrondit visiblement. Votre transit devient paresseux à cause des hormones de grossesse. Surveillez votre hygiène alimentaire. La croissance de l'utérus peut occasionner à nouveau des douleurs ligamentaires, plus ou moins violentes.

Lors du sixième mois, reposez-vous ! Bébé grossit. Vous commencez à en sentir le poids sur votre dos, vos vertèbres et vos jambes. Ses besoins en oxygène et nutriments sont accrus. L'utérus a dépassé la ligne de votre nombril, provoquant quelques douleurs ligamentaires aiguës, sur le côté du ventre. Si vous ressentez parfois des contractions irrégulières et non douloureuses, pas de panique. L'utérus est un gros muscle qui répond à son extension progressive, par des phases de contractions.

Troisième trimestre

Vous êtes au septième mois de grossesse ; votre utérus se situe presque au niveau du thorax. Vous pouvez ressentir fréquemment des crampes, ou avoir des hémorroïdes et des varices, à cause d'une mauvaise circulation sanguine. La pratique d'une activité physique quotidienne sera le meilleur remède, pourvu qu'elle soit douce. C'est le moment de commencer les cours de préparation à l'accouchement, en piscine, de préférence.

CONSEIL

La vigne rouge, la bonne fée de la circulation sanguine

Si vous avez les chevilles enflées, faites un bain de pieds, trois fois par semaine, en faisant bouillir trois poignées de feuilles de vigne rouge, dans trois litres d'eau, durant 15 minutes. Utilisez cette infusion pour la semaine, et renouvelez la semaine suivante. En complément, buvez des tisanes de vigne rouge, la meilleure plante à ce stade de la grossesse. Comme elle favorise le retour veineux, elle va agir sur la fragilité des vaisseaux, les jambes lourdes, mais également sur les varices et les hémorroïdes. Pensez également à vous masser les jambes tous les jours, avec de l'huile d'arnica, qui est très efficace pour soulager les troubles circulatoires, et buvez beaucoup d'eau.

Lors du huitième mois, votre ventre est bien rebondi. Bébé va prendre beaucoup de poids au cours des deux derniers mois. Il serait de bon ton de ne pas faire de même. Votre ventre est tendu, votre dos, cambré. La station debout est fatigante, avec la sensation de jambes lourdes, et parfois des œdèmes, en fin de journée. Reposez-vous le plus possible. Votre bassin est parfois douloureux. Les hormones de grossesse agissent sur les ligaments et les assouplissent. Les os deviennent plus mobiles ; votre bassin s'ouvre pour laisser passer bébé.

Au cours du neuvième mois, votre ventre est proéminent, accentuant la cambrure dorsale. Vos seins sont gonflés, et se préparent activement à l'allaitement. Vous pouvez les masser, notamment les mamelons, avec une crème grasse. Vous avez des envies fréquentes d'uriner. Vous avez parfois des contractions, surtout le soir. Elles ne sont pas régulières et ne sont pas douloureuses. C'est un phénomène normal : elles contribuent notamment à la maturation du col de l'utérus, ce qui rendra plus facile sa dilatation lors de l'accouchement. Votre sommeil est parfois difficile, car il n'est pas évident de trouver une position adéquate. Vos gestes et vos déplacements sont parfois laborieux. Vous êtes fatiguée, et c'est bien normal. Au cours de ce mois, votre utérus et votre bébé descendent un peu plus bas dans votre abdomen. Courage, c'est bientôt le grand jour !

Faites le gros dos !

Pour détendre les muscles du bas du dos, très sollicités à ce stade de la grossesse, effectuez l'exercice suivant, au réveil, et au coucher. À quatre pattes, faites le dos rond, en inspirant, puis cambrez la tête en arrière, en expirant. Répétez le mouvement cinq fois de suite.

Allaitement

Vous avez choisi d'allaiter ? Le lait maternel est l'aliment par excellence pour votre bébé. Il lui confère une immunité naturelle pour lutter contre les infections, les maladies et les germes intestinaux, responsables de la diarrhée. La concentration des anticorps varie au cours de la lactation et atteint son maximum dans le colostrum, le liquide jaunâtre annonciateur du lait, pendant les cinq premiers jours. Sachez que le stress, la fatigue ou une contrariété peuvent perturber la lactation, donc un seul mot d'ordre : repos et détente ! De plus, allaiter, même quelques jours, va aider votre corps à se remettre de l'accouchement, même s'il est recommandé de nourrir exclusivement votre bébé avec du lait maternel, pendant au moins six mois.

À RETENIR

Si vous le souhaitez, vous pouvez même allaiter votre enfant jusqu'à l'âge de 2 ans. Il ne s'en portera que mieux.

ATTENTION

Boycottez le thé, ses tannins captent le fer et vous l'éliminerez dans vos urines !
De plus, c'est un excitant qui passe dans le lait maternel…

Contre la fatigue, du fer absolument !

N'oubliez pas de supplémenter votre alimentation en fer, car votre corps en a énormément besoin. La circulation sanguine se ralentit au cours des cinq semaines qui suivent l'accouchement, et les pertes de sang entraînent des carences en fer. N'attendez pas d'être anémique pour réagir !
Côté alimentation, privilégiez la viande, le poisson, les lentilles, l'avocat, les épinards et les fruits secs, riches en fer. À noter que le fer est plus facilement absorbable

Les sources de magnésium

Les crevettes, les légumes verts, le son, les haricots secs, les céréales complètes, les fruits secs, les amandes, les noisettes, le chocolat, et certaines eaux minérales de type « Hépar® ».

Attention, le magnésium à haute dose est laxatif. En cure, achetez un sachet de chlorure de magnésium en pharmacie, diluez-le dans un litre d'eau, et buvez 40 ml tous les matins.

dans les aliments de source animale, et que la vitamine C vous permettra de le fixer.

Pour le moral, du magnésium !

Il est indispensable au système nerveux et à votre bonne humeur. Si vous êtes fatiguée, nerveuse, anxieuse, dépressive, si le baby-blues vous a mis le grappin dessus, si vous avez des crampes, des maux de tête, des démangeaisons ou même des verrues, vous manquez peut-être de magnésium. Un adulte doit en consommer entre 350 et 380 mg par jour. Sachez également que les premières tétées peuvent provoquer des contractions de l'utérus, qui vont lui permettre de retrouver sa taille normale, mais aussi de limiter les hémorragies. Souvent douloureuses et perçues comme des tranchées, ces contractions utérines cessent spontanément en quelques jours. Il est important de préciser que lors du premier enfant, elles passent un peu inaperçues, mais augmentent en intensité au cours des grossesses suivantes.

Les aliments à privilégier

La femme qui allaite produit environ 800 ml de lait par jour. Cela correspond à un coût énergétique d'environ 600 kcal. Une bonne partie est prise sur les réserves accumulées lors de la grossesse. Il en résulte que l'allaitement favorise ainsi la perte de poids en post-partum, car Il stimule la combustion des graisses, même si les apports énergétiques sont augmentés. Pour autant, cette période ne doit pas être utilisée pour faire une cure d'amaigrissement. Cela pourrait entraîner des effets négatifs qualitatifs et quantitatifs sur la production du lait maternel. De ce fait, vous ne devez pas descendre en dessous de 1 500 calories par jour.

À RETENIR

Au cours de l'allaitement, vous ne devez pas descendre en dessous de 1 500 calories par jour.

À RETENIR

Les bons réflexes

- *100 g de* **protéines** *au déjeuner et au dîner.*
- *Un bon apport en* **oméga 3**, *que vous trouverez dans les noix, l'huile de colza, et les poissons gras comme le saumon, le hareng ou la truite. Pensez à assaisonner vos crudités, avec un mélange huile d'olive-colza.*
- *Un* **produit laitier** *à chaque repas, fromage ou yaourt.*
- *Une* **collation** *à 16 heures, avec 30 g de céréales ou trois biscuits secs ou un fruit + un produit laitier.*
- **Buvez abondamment** *: 1,5 à 2 litres de liquide par jour, sous forme d'eau, faiblement minéralisée de préférence, de lait, de tisanes ou encore de bouillons de légumes.*
- *Pensez à* **l'anis**, *au* **fenouil** *ou au* **houblon** *pour augmenter les sécrétions lactées.*

Pensez à équilibrer un bon apport en acides gras insaturés, indispensables au développement neurologique de l'enfant, en calcium et en vitamines C et B12. Vous l'avez compris, pas de régime donc, mais cela ne doit pas vous empêcher d'adopter de bonnes habitudes alimentaires et de ne plus vous laisser tenter par les grignotages et les sucreries. Si vous allaitez votre bébé plus de trois mois, vous bénéficierez d'un « petit plus » non négligeable. L'allaitement est en effet le seul moment dans la vie d'une femme où l'organisme utilise la graisse qui s'est incrustée au niveau des hanches.

Ménopause

En France, l'âge moyen de la ménopause se situe entre 45 et 55 ans. Les variations sont dues à l'hérédité et à des facteurs externes. La ménopause est une période de changements physiologiques profonds dans la vie d'une femme, caractérisée par une diminution progressive de la sécrétion hormonale, jusqu'à l'arrêt total du fonctionnement des ovaires. Pendant cette période, et durant les deux ou trois années qui la précèdent, les cycles sont irréguliers, et s'accompagnent parfois de symptômes, tels que des bouffées de chaleur, des troubles de l'humeur ou du sommeil. L'intensité et la fréquence de ces symptômes sont très variables selon les femmes. Ils sont principalement liés à la carence en œstrogènes.

Beaucoup de femmes prennent du poids à la cinquantaine. Tout simplement parce que les transformations hormonales de la ménopause vont favoriser la mise en réserve de graisse, surtout dans la partie haute du corps,

Les symptômes de la ménopause

- *bouffées de chaleur, avec rougeurs au visage, surtout la nuit ;*
- *fatigue ;*
- *insomnie ;*
- *sécheresse vaginale, responsable d'inconfort et de douleurs, lors des rapports sexuels ;*
- *prise de poids, avec surtout, une modification de la morphologie (rondeurs au niveau du ventre) ;*
- *sécheresse et perte de la souplesse de la peau ;*
- *troubles urinaires ;*
- *troubles de l'humeur (anxiété, irritabilité) ;*
- *transpiration excessive ;*
- *baisse ou perte de la libido ;*
- *fragilisation des os, pouvant aller jusqu'à l'ostéoporose.*

en même temps que la « fonte » progressive de la masse musculaire. Premier antidote contre ce risque de surpoids : une activité physique suffisante et, en complément, une alimentation judicieusement allégée, dans laquelle on aura éliminé les calories « inutiles ».

À RETENIR

Revoir son alimentation, en limitant :

- *Les boissons sucrées, à remplacer par des boissons « light ».*
- *Les bonbons, biscuits salés ou sucrés, à remplacer par un fruit, un cachou, une tisane.*
- *L'alcool sous toutes ses formes, pas plus d'un verre de vin par repas.*
- *Les glaces et pâtisseries en dessert, à remplacer par un sorbet, un fruit, une salade de fruits, un laitage.*
- *Les croissants et autres viennoiseries, à remplacer par du pain complet, des fruits secs, des céréales.*
- *Les plats riches en graisses, les frites et fritures, en privilégiant la cuisson à la vapeur ou au gril.*
- *Les sauces classiques, la mayonnaise, le ketchup ou les sauces barbecue, à remplacer par des sauces allégées ou de la moutarde douce.*
- *Les préparations type feuilletés, quiches, lasagnes, à remplacer par des pâtes complètes accompagnées d'un coulis de tomates ou une pizza maison aux légumes.*
- *Les laitages et entremets au lait entier, à remplacer par des préparations au soja, ou des yaourts light.*

Les aliments à privilégier

Pour pallier la fonte musculaire au profit de la masse grasse, et entretenir le capital osseux, l'alimentation devra être riche en :

- **protéines animales** (poissons et volailles), essentielles à l'entretien du capital musculaire et au renouvellement des cellules ;
- **laitages allégés**, particulièrement riches en calcium et en phospore ;
- **fruits et légumes**, pour leur apport en fibres, vitamines et sels minéraux ;
- **féculents**, source de glucides complexes, de vitamine B et de fibres alimentaires, favorisant la satiété, ainsi qu'un transit intestinal harmonieux ;
- **corps gras**, d'origine végétale, qui apportent de l'énergie, des vitamines A, E, D, et des acides gras essentiels, non synthétisés par l'organisme ;
- **eau**, au moins un litre et demi par jour, pour réduire les risques d'infection urinaire et lutter contre la constipation et la déshydratation.

Contre la fonte musculaire, le sport, au quotidien

Vous l'aurez compris, les modifications hormonales et la diminution de l'activité physique ont

N'oubliez pas la vitamine D

Elle favorise l'absorption du calcium par le tube digestif et sa fixation sur les os. La vitamine D est apportée par l'alimentation au travers des huiles de foie de poisson (la fameuse huile de foie de morue), les jaunes d'œufs, le beurre, les foies d'animaux et les fromages, et surtout par l'exposition au soleil. Une heure de soleil par jour en été permet de stocker suffisamment de vitamine D pour toute l'année ! En revanche, un supplément de vitamine D est souvent nécessaire en période hivernale, dans les régions les moins ensoleillées, et chez les personnes âgées qui sortent peu.

pour conséquence une fonte progressive de la masse musculaire. Pour lutter contre ce phénomène, une seule solution : bouger ! De plus, cela vous permettra de conserver une silhouette plus jeune, et plus tonique.

À RETENIR

Brûler des calories, mode d'emploi

• *Réduisez le temps que vous passez devant la télévision, et programmez chaque jour une sortie à l'extérieur, que ce soit la visite d'un musée, une balade en forêt, ou promener votre chien.*
• *Essayez de faire vos courses à pied ou à vélo.*
• *Privilégiez les escaliers à l'ascenseur.*
• *Garez votre voiture plus loin que le lieu où vous vous rendez.*
• *Descendez systématiquement à la station de bus ou de métro avant celle de votre domicile.*

En effet, la marche, tout comme une activité physique régulière, abaisse le risque coronarien et cardio-vasculaire. Il suffit donc de marcher au minimum une demi-heure par jour, à un rythme cadencé, pour préserver la jeunesse de votre cœur, de vos artères, et conserver un ventre plat.

Postaccouchement

Après l'accouchement, une multitude de manifestations physiques surviennent, donnant lieu à des douleurs abdominales, plus ou moins importantes. Des suites de couches, associées ou non à une épisiotomie ou à une césarienne jusqu'à la rééducation du périnée, votre ventre est soumis à rude épreuve.

Les suites de couches correspondent à des saignements très abondants qui se manifestent durant plusieurs jours après l'accouchement. En effet, après l'expulsion du placenta, les contractions utérines compriment les vaisseaux sanguins qui l'alimentaient, tandis que les globules blancs se multiplient. Pas d'inquiétude, les saignements diminuent progressivement en moins d'une semaine jusqu'au retour de couches, annonçant la réapparition d'un cycle menstruel normal.

Le retour de couches se caractérise le plus souvent par l'apparition de saignements abondants, plus douloureux et plus fatigants que les règles normales qui durent environ une semaine.

Astuces antidouleur

- *Pensez à emporter une bouée à la maternité ! Ainsi, vous pourrez vous asseoir à l'intérieur, si la position assise est trop douloureuse. Sinon, préférez la position « en tailleur ».*
- *Effectuez votre toilette intime avec un savon doux au pH neutre.*
- *Changez régulièrement vos garnitures et portez des slips en filet qui offrent une bonne aération de l'entrejambe.*
- *Pensez à l'astuce « sèche-cheveux » à température douce pour accélérer le processus de cicatrisation, et laissez votre cicatrice à l'air au moins une heure par jour.*

Si vous avez subi une épisiotomie, il est normal de ressentir des tiraillements dus à la cicatrice, mais parfois, les douleurs sont intenses durant quelques jours. Voici quelques conseils pour accélérer le processus de guérison, et retrouver le sourire au plus vite :

Vous avez eu une césarienne ?

Aujourd'hui, 16 % des accouchements se font par « voie haute », c'est-à-dire par césarienne, avec une incision à l'horizontale dans la majorité des cas, dans la zone de pilosité pubienne, pour que la cicatrice soit quasiment invisible. Néanmoins, les suites d'une césarienne sont souvent inconfortables, voire douloureuses, surtout si vous allaitez, de par les contractions de votre utérus au moment des tétées. Autre inconvénient, et pas des moindres, les ballonnements qui surviennent juste après l'intervention. Comptez environ vingt-quatre heures avant la reprise du transit intestinal. En effet, le travail des intestins s'est ralenti lors de l'anesthésie.

Après l'accouchement

Après l'accouchement, il est important de respecter certaines étapes pour retrouver progressivement un ventre plat. La rééducation périnéale en fait partie, et s'adresse à toutes les femmes qui ont accouché par voie basse. En effet, la tonicité de ce muscle pubococcygien a été mise à mal par le passage du bébé, provoquant souvent un étirement, voire une déchirure des tissus. Rééduquer le périnée, c'est donc lui redonner de l'élasticité, et prévenir un éventuel « prolapsus » ou descente d'organe. Six semaines après la visite post-natale, il est souhaitable de commencer cette rééducation avec un spécialiste, à raison de dix ou vingt séances à effectuer, ou en solo, à la maison. L'exercice le plus connu et le plus efficace est appelé traditionnellement le « stop-pipi ». Il consiste, comme son nom l'indique, à interrompre la miction, au moins une fois, avant de vider la vessie. Pratiquez cet exercice deux à trois fois par jour pendant plusieurs semaines. Ne vous inquiétez pas si vous n'arrivez pas à stopper net le jet pendant les deux premiers mois, c'est normal !

La rééducation périnéale, c'est quoi ?

1. Apprendre à contracter correctement son plancher pelvien pour éviter un prolapsus, prévenir l'incontinence et retrouver une sexualité épanouie.

2. Développer et renforcer la musculature de votre périnée en pratiquant des exercices au quotidien.

3. Prendre conscience de l'alternance contraction-relâchement des muscles du périnée.

Spasmes et stress

Le stress chronique est tout aussi nocif sur l'organisme qu'un régime alimentaire déséquilibré. En effet, les hormones du stress, l'adrénaline et le cortisol, produisent des prostaglandines pro-inflammatoires, responsables, entre autres, des spasmes intestinaux. En agissant sur le stress, on pourra réduire et soulager les douleurs abdominales, quelle qu'en soit la cause.

À RETENIR

Chaque personne a une émotivité différente. De ce fait, le seuil de résistance au stress est très personnel.

Stress au travail, levez le pied !

Entre les contraintes horaires, la pression du chef de service, les délais à respecter, les objectifs à atteindre ou les conflits relationnels, le milieu professionnel est le premier facteur de stress. Il est donc indispensable de connaître vos limites et de vous faire respecter, pour éviter d'avoir un « nœud » dans le ventre, du lever au coucher. Tout d'abord, identifiez les situations qui vous semblent les plus stressantes, avec l'objectif de les anticiper pour mieux les appréhender, que ce soit une réunion de travail, une présentation en public, ou une étroite collaboration avec un collègue. Pensez à vous organiser un espace de travail agréable, si possible près d'une fenêtre, pour bénéficier de la lumière du jour, sur une chaise confortable, et planifiez des temps de pause réguliers, même de courte durée.

À RETENIR

Les six réflexes antistress

• *Adoptez une activité physique régulière : la marche, la natation, le vélo ou même le jardinage sont d'excellents antistress !*

• *Planifiez des moments de détente au cours de la journée, pour prendre du recul et vous relaxer.*

• *Apprenez à bien respirer, grâce au yoga ou à d'autres méthodes de relaxation qui favorisent la détente nerveuse et musculaire.*

• *Misez sur une alimentation variée et équilibrée, en privilégiant les fruits, les légumes, les céréales. Ils vous apporteront la vitalité nécessaire pour éviter les coups de fatigue, source de stress.*

• *Limitez les excitants (café, thé, alcool).*

• *Pensez à faire une cure de magnésium, et de vitamines B1 et B6, des antistress avérés. Vous en trouverez notamment dans la levure alimentaire, les céréales, le pain complet, les fruits et les légumes secs.*

Outre les spasmes intestinaux, le stress provoque diverses pathologies, comme la fatigue, l'insomnie, les problèmes de bouche sèche, l'anxiété, les obsessions, l'agressivité, la déprime, l'irritabilité, les problèmes sexuels, les pertes de mémoire, mais aussi, il favorise le risque d'avoir du diabète. L'explication scientifique la plus plausible est la suivante : le stress entraînerait une décharge d'hormones comme l'adrénaline, le cortisol ou l'hormone de croissance qui ont la particularité d'augmenter le taux de glucose. Le stress jouerait également dans le sens inverse, par un effet hypoglycémiant qui serait dû au ralentissement du passage du contenu de l'estomac dans vos intestins. Le glucose va circuler plus difficilement dans votre sang, comme si vous étiez à jeun. Comme le stress engendre du diabète et que le diabète engendre du stress, mieux vaut prévenir que guérir. Pour ce faire, sachez qu'une dépense physique et énergétique va chasser les mauvaises énergies, et vous libérer efficacement de la fatigue, et du surmenage.

CONSEIL

 ### Trois exercices pour se défouler

Saut à la corde

Sautez à la corde, sur la pointe des pieds, en veillant à alterner le rythme, tantôt lent, tantôt rapide. Cet exercice cardio-vasculaire est d'une grande efficacité pour libérer les tensions. Effectuez trois séries de 45 secondes ; cela suffit !

Saut rythmé

Le buste bien droit, jambes serrées, montez un genou après l'autre, le plus haut possible, en alternance. Respirez durant l'exercice pour bien vous oxygéner, et effectuez trois séries d'une minute chacune.

Marche rapide

Planifiez une marche de 30 minutes par jour pour vous aérer l'esprit et vous dépenser physiquement. Idéal, en sortant du bureau, pour évacuer le stress accumulé tout au long de la journée. Commencez par une marche rapide de 20 minutes tout en serrant les fesses et en contractant les abdominaux, puis accélérez la cadence lors des dix dernières minutes.

Le stretching, matin et soir

Si vous ne pouvez pas éviter les situations stressantes, apprenez à vous étirer, le matin et le soir, pour évacuer les tensions avant qu'elles ne se transforment en blocages. On l'a vu, l'activité physique n'est pas uniquement le moyen de se muscler pour réaliser des performances. Elle peut aider à évacuer le stress en prenant conscience de son corps. Le stretching, comme le yoga, est une technique qui permet d'augmenter vos capacités à réguler les perturbations de votre système émotionnel et de votre concentration. Cette prise de conscience du corps passe essentiellement par un travail de respiration, d'oxygénation et de détente musculaire. De même que les mouvements sont lents et déliés, la respiration du stretching doit être calme et cadencée, tout au long de l'exercice. Plus elle est mesurée et progressive, meilleurs seront l'oxygénation et le relâchement musculaire. Le stretching est la gymnastique idéale pour découvrir sa structure profonde, pour reprendre la maîtrise de soi, donc, lutter plus efficacement contre le stress.

Stretching vertébral

À genoux, les bras tendus, mains à plat, inspirez, puis repoussez lentement vos fessiers vers l'arrière, jusqu'à toucher vos talons, en expirant lentement. Dans le même temps, tendez le plus possible vos mains vers l'avant, et approchez votre poitrine du sol. Inspirez, en revenant en position de départ. Expirez, en descendant. Répétez le mouvement une dizaine de fois, pour une détente maximale. Cet exercice vous permettra de dénouer les tensions accumulées dans le dos, les épaules, et les cervicales.

Gérer le stress au quotidien

Se relaxer ne veut pas dire uniquement se détendre. En se déconnectant de l'environnement, on rend son esprit disponible, ce qui permet dans le même temps de s'appliquer et de se concentrer sur un seul objectif : se retrouver, rassembler ses forces vitales. Il existe de nombreuses méthodes de relaxation dont certaines sont orientées vers le résultat immédiat et concret : se relaxer dans toutes les situations de la vie quotidienne, professionnelles ou non. Elles présentent le grand avantage de pouvoir être pratiquées facilement, rapidement et quasiment n'importe où. En s'y adonnant régulièrement, on en apprécie très vite les bienfaits. Ces quelques instants de détente totale vous donneront une énergie nouvelle, une capacité renforcée à affronter les soucis quotidiens. La respiration profonde est l'une des méthodes efficaces pour évacuer le stress.

À RETENIR

La respiration profonde

Fermez les yeux, posez une main sur votre ventre, et l'autre sur la poitrine, pour mieux percevoir le mouvement respiratoire pendant l'exercice. Inspirez lentement par le nez, durant trois secondes, en emplissant le ventre, continuez d'inspirer en prenant encore l'air dans la poitrine, sans rentrer le ventre. Retenez l'air une ou deux secondes, puis expirez lentement, durant cinq secondes, en vidant l'air des poumons d'abord, puis au niveau du ventre. Relâchez bien les épaules.

Reprenez l'exercice plusieurs fois, en laissant votre respiration aller à un rythme calme et régulier. Intériorisez complètement cette sensation de détente, puis revenez à la réalité très doucement.

Les 11 plantes antistress et antispasmodiques

- L'anis : ses graines ont des propriétés digestives et calmantes.
- La coriandre : faciles à broyer, ses graines stimulent la digestion.
- La lavande : quelques gouttes d'huile essentielle sur un mouchoir, près du lit, pour favoriser le sommeil.
- La mauve : contre les brûlures d'estomac, elle régule aussi le transit intestinal.
- La mélisse : calmante et digestive, elle favorise le sommeil.
- La menthe : verte ou poivrée, elle est parée de toutes les vertus pour remédier aux problèmes de digestion ; deux gouttes d'extrait de menthe sur un sucre soignent les nausées ou le mal de transports. Une infusion après le repas soulage les ballonnements.
- La passiflore : sédatif nerveux, tranquillisant et antispasmodique.
- Le romarin : il apaise les crampes et les ballonnements accompagnés de constipation. Très efficace sur le foie.
- Le tilleul : c'est le plus doux des remèdes. En infusion, il incite au repos et à la détente, il se marie à la menthe comme à la verveine, qui le relèveront d'une pointe légèrement piquante.
- La valériane : la reine des plantes pour se relaxer et évacuer le stress. Favorise le sommeil.
- La verveine : fraîches ou séchées, ses feuilles possèdent des vertus légèrement sédatives et apaisent les maux dus à une mauvaise digestion.

Syndrome métabolique

À RETENIR

On estime qu'environ 25 % de la population des plus de 55 ans présentent un syndrome métabolique.

La fréquence de la surcharge pondérale est en constante augmentation dans les sociétés ayant adopté un mode de vie occidental, donc sédentaire. La compréhension et le traitement des affections secondaires à ce phénomène sont devenus un véritable défi médical, probablement le plus important pour les prochaines années. Le syndrome métabolique, appelé également syndrome de la bedaine, reste longtemps asymptomatique ! Et pourtant, cette maladie est la plus mortelle des pays industrialisés. Le traitement passe d'abord par le traitement du syndrome et puis de chacun de ses facteurs de risque. Trois paramètres sur cinq dont la prise de sang, la mesure du tour de taille et celui de la pression artérielle permettront d'en faire le diagnostic :

Les conséquences du syndrome métabolique

Le syndrome métabolique est à prendre au sérieux. Il peut entraîner de graves pathologies :
* *les maladies cardio-vasculaires (attaques cardiaques et cérébrales) ;*
* *le diabète ;*
* *les troubles gynécologiques (troubles des règles, voire infertilité) ;*
* *maladie du foie pouvant aller jusqu'à la cirrhose ;*
* *apnée du sommeil.*

• Tour de taille > 102 cm chez les hommes et > 88 cm chez les femmes, à moduler selon le groupe ethnique.
• Cholestérol HDL (bon cholestérol) < 40 mg/dl chez les hommes et < 50 mg/dl chez les femmes (ou sous traitement).

- Triglycérides > 150 mg/dl (1,7 mmol/l)
  (ou sous traitement).
- Glycémie à jeun > 1 g/dl
  (ou sous traitement).
- Tension artérielle > 130-85 mm Hg
  (ou sous traitement).

L'hygiène de vie, la clé du problème

Si le fait d'avoir un gros ventre ou des « poignées d'amour » peut donner lieu à quelques taquineries, il faut savoir qu'aujourd'hui, un tour de taille important est un signal d'alerte à prendre au sérieux. L'obésité et la sédentarité étant deux paramètres favorisant le développement du syndrome métabolique, la prise en charge de ces facteurs de risque est primordiale. Une modification des habitudes de vie, incluant une augmentation de l'activité physique d'intensité modérée, de vingt à trente minutes au moins, trois fois par semaine, associée à une alimentation équilibrée, avec un régime hypocalorique, en cas de surpoids ou d'obésité, constitue la base de la prise en charge, avec l'arrêt du tabac. Une réduction, même faible, améliore considérablement la sensibilité à l'insuline et les facteurs de risque cardio-vasculaires. Le traitement de l'hypertension revêt, bien entendu, une importance capitale dans la prévention du risque cardio-vasculaire. L'hyperglycémie et les états prothrombotiques doivent également être corrigés. Ainsi, il est intéressant d'utiliser des plantes hypolipémiantes qui agissent sur les paramètres du profil lipidique, et sur la synthèse du cholestérol au niveau du foie.

À RETENIR

Il a été montré qu'une diminution moyenne de 7 % du poids réduisait le risque de développer un diabète de type 2 de 58 %.

Les remèdes naturels

OÙ TROUVER LA QUERCÉTINE :

Dans les oignons rouges, la pomme, le thé, le vin rouge, les baies, l'aneth frais, les haricots verts et jaunes, le sarrasin…

La quercétine

C'est l'un des flavonoïdes les plus actifs, c'est-à-dire l'un des nombreux pigments qui donnent leur couleur aux fruits, aux légumes et aux plantes médicinales. Dans la nature, la quercétine est souvent liée à la vitamine C, dont elle améliore l'absorption par l'orga-nisme. Elle présente des propriétés antioxydantes, anti-inflamma-toires et antihistaminiques, avec des effets positifs sur les capillaires et le système cardio-vasculaire.

OÙ TROUVER LE CHROME :

Dans le foie de veau, les brocolis, les haricots verts, les pommes de terre, les céréales à grains entiers, le germe de blé, le gruyère, les prunes, les champignons, les asperges, les viandes, la levure de bière et la bière. Il semble que l'agriculture intensive et le raffinage réduisent la teneur en chrome des aliments.

Le chrome

C'est un oligoélément qui normalise la fonction insulinique et régularise le niveau de sucre. Il diminue la demande en insuline chez le diabétique. Dans le cadre du syndrome métabolique, il diminue chez le prédiabétique de type 2, l'intolérance au glucose et la résistance insulinique. Il joue un rôle de cofacteur avec l'insuline. Secondairement, il aide à brûler les graisses et augmenter la masse musculaire, il abaisse le cholestérol LDL et augmente le cholestérol HDL.

La vitamine B6

C'est une vitamine hydrosoluble. Elle est impliquée dans plus de soixante systèmes enzymatiques participant au métabolisme des protéines. La vitamine B6 participe à la synthèse des acides aminés et est essentielle à la synthèse de niacine à partir de tryptophane. Cette vita-mine régule aussi la libération du glycogène hépatique dès que les muscles en ont besoin. Elle participe à la production d'insuline, d'hémoglobine et des anticorps.

La vitamine B12

Elle contribue à la formation des cellules du sang et de la moelle, le métabolisme des glucides, des graisses et des protéines et à la production du matériel génétique. Elle assiste également les mécanismes nerveux et cardio-vasculaires et joue un rôle dans la synthèse de l'ADN.

L'acérola

Très riche en vitamine C, elle en contient vingt à trente fois plus que les oranges. Elle a une action anti-inflammatoire, et augmente la résistance au stress, par son action sur les glandes surrénales.

Le *Ribes nigrum* ou bourgeons de cassis

Les feuilles renferment un peu d'huile essentielle, de nombreux flavonoïdes et des prodelphinidols, qui ont des propriétés anti-inflammatoires. À utiliser en infusion ou en gélules.

La vigne rouge

Riche en flavonoïdes, elle a des propriétés antioxydantes, et anti-inflammatoires.

La mélisse

Riche en polyphénols et flavonoïdes, la mélisse ajoute à son action apaisante et neurovégétative, un effet anti-inflammatoire et antioxydant.

OÙ TROUVER LA VITAMINE B6 :

Dans le soja, la levure, la banane, les noix, la viande, les volailles, le poisson, la pomme de terre, les tomates, les épinards, le riz, le lin, le pollen, les germes de céréales, le cacao, le germe de blé, les choux et les oranges.

OÙ TROUVER LA VITAMINE B12 :

Dans les produits d'origine animale, les abats et les crustacés, dont la spiruline, le foie de veau et de bœuf, les palourdes, les huîtres, le crabe, le thon, le saumon, les sardines, le jaune d'œuf.

Les bons réflexes alimentaires

L'index glycémique, c'est quoi ?

L'index glycémique mesure la capacité d'un glucide donné à élever la glycémie après le repas, par rapport à un standard de référence qu'est le glucose pur. Plus l'index glycémique d'un sucre est élevé, plus le risque de prise de poids est important.

L'adaptation nutritionnelle en vue de la réduction des facteurs de risque est simple : il faut réduire les sucreries, le sel, les boissons sucrées, les matières grasses (viandes grasses, charcuterie, beurre, frites), l'alcool et tous les excès, pour obtenir une perte de poids progressive.

Adoptez un régime riche en fibres alimentaires, faible en gras saturés et pauvre en aliments à index glycémique élevé.

- Privilégiez la consommation de sucre à bas index glycémique (IG) : fruits, pains, féculents, des aliments sucrés qui ne vont pas favoriser le stockage des graisses dans l'organisme.
- Adoptez un régime riche en fruits et légumes, en grains entiers, en gras mono-insaturés et en produits laitiers, faibles en gras.
- Réduisez l'apport calorique, en diminuant la taille des portions, et privilégiez les aliments à « faible densité énergétique », c'est-à-dire ceux qui contiennent relativement peu de calories par rapport à leur volume, comme une bonne soupe de légumes, une salade ou des crudités en entrée, par exemple.
- Limitez la consommation de gras saturés et de sel.
- De façon générale, accompagnez toute prise de féculents (pommes de terre, purée, pâtes,…) d'un volume égal de légumes (haricots verts, épinards,…).

Transit

Si, dans le langage quotidien, le terme transit désigne le passage de marchandises, en médecine le transit intestinal est la progression du bol alimentaire dans les intestins. L'appareil digestif est responsable de la transformation des aliments en substances utilisables par l'organisme. Il comporte plusieurs organes : estomac, foie, intestin grêle, pancréas. Chacun va jouer un rôle précis dans la digestion et l'absorption. Un mauvais transit intestinal va se répercuter sur la santé et provoquer différents symptômes. Les aliments, après être passés dans l'estomac, vont voyager dans les sept mètres de votre intestin, durant six à dix heures. Un transit lent va entraîner des constipations, alors qu'un transit rapide va occasionner des diarrhées.

Lorsque le transit est difficile, cela peut provoquer des ballonnements, des aigreurs ou des flatulences. Dans la plupart des cas, ces désagréments ne relèvent d'aucune pathologie médicale particulière. Il est alors possible d'améliorer ces troubles en éliminant les mauvaises habitudes alimentaires.

Les repas doivent être pris à heure fixe, trois à quatre fois par jour, en petite quantité. Il faut éviter la précipitation, ne jamais manger debout et prendre le temps. Le

À RETENIR

20 % des Français déclarent être gênés par des troubles liés à des problèmes de transit intestinal. Généralement, les femmes et les seniors sont plus sujets à ces dysfonctionnements.

Les huiles essentielles, un bon remède antidiarrhée

1 goutte d'huile essentielle de cannelle de Ceylan + 3 gouttes d'huile essentielle de niaouli + 1 goutte d'huile essentielle de sarriette vivace.

Prendre 2 gouttes de ce mélange sur un sucre, cinq fois par jour, pendant trois jours.

stress est un facteur aggravant, car il peut engendrer des constipations. Pour les repas, la consommation de fibres alimentaires accélère le transit.

 Les alliés du transit intestinal

- *Boire beaucoup d'eau, au moins un litre et demi d'eau par jour, riche en bicarbonates comme Vichy Célestins® ou Saint-Yorre®, qui atténuent l'acidité de l'estomac.*
- *Boire des tisanes, à base de plantes réputées pour leurs vertus digestives : fenouil, anis, menthe, réglisse, coriandre, cumin, pissenlit, bardane, badiane, mélisse, cassis.*
- *Manger trois repas par jour, à heures régulières, assis(e), et dans le calme, si possible, pendant au moins 20 minutes.*
- *Bien mâcher avant d'avaler.*
- *Faire une cure de probiotiques, qui favorisent un bon transit en agissant sur la flore intestinale. Ils sont présents dans les yaourts, les laits fermentés, certains dérivés du soja ou sous forme de compléments alimentaires.*
- *Éviter de porter des vêtements serrés qui compriment le ventre.*
- *Limiter la prise d'anti-inflammatoires et d'aspirine.*
- *Effectuer une activité physique régulière.*
- *Diminuer sa consommation de tabac et autres excitants : alcool, café, thé.*
- *Gérer son stress grâce aux médecines douces : aromathérapie, réflexologie, acupuncture, shiatsu, yoga…*

Les graisses saturées, que l'on trouve dans les plats cuisinés ou en sauce, ralentissent l'assimilation des aliments et donc le transit. Pour améliorer son transit, il faut éviter de consommer des aliments qui fermentent tels que des choux, des artichauts ou des haricots blancs. Les mets trop sucrés peuvent également provoquer des ballonnements. Que le transit intestinal soit lent, rapide ou difficile, il est toujours recommandé de pratiquer une activité physique régulière. Par exemple, une dizaine de minutes de marche par jour est un excellent exercice, très simple et très efficace pour améliorer le transit. Les massages peuvent aider à stimuler un intestin paresseux : les pressions doivent être modérées et faites en position allongée, le plus relax possible.

Côté phytothérapie, certaines plantes sont connues pour aider à améliorer les problèmes de troubles du transit.

Les aliments riches en fibres

- *Les pruneaux*
- *Les abricots secs*
- *Les figues*
- *Les légumineuses*
- *Les betteraves*
- *Les épinards*
- *Le fenouil*
- *Les endives*
- *Les céréales*

ATTENTION

Pensez, devant la persistance de troubles digestifs anormaux, de type constipation, diarrhée, ballonnements, douleurs abdominales, même si ces signes vous paraissent bénins, à consulter un médecin.

À RETENIR

Les plantes du transit

- *Le charbon biologique végétal diminue les douleurs abdominales, les ballonnements, l'aérophagie et les gaz intestinaux.*
- *L'argile calme l'acidité gastrique.*
- *La racine de rhubarbe favorise une meilleure digestion et l'élimination des déchets de l'organisme.*
- *La semence de coriandre soulage les maux d'estomac et a une action antispasmodique.*
- *Le radis noir va contribuer à rééquilibrer le foie et la vésicule biliaire.*

Troubles urinaires

Si un problème survient à l'une ou l'autre des étapes, il y a alors risque de troubles urinaires.

Quand la vessie est pleine, le cerveau reçoit un signal et renvoie à son tour un signal à la vessie en lui indiquant qu'il est temps d'uriner. Les muscles du sphincter se relâchent, ceux de la vessie se contractent, et le périnée, « plancher de votre corps », se détend. Ces phénomènes permettent alors à l'urine d'être évacuée.

Les troubles urinaires peuvent être très variés : brûlures à la miction, difficultés à uriner, besoins plus fréquents, besoin de se lever plusieurs fois la nuit, envies impérieuses ou encore fuites urinaires Lorsqu'il y a des douleurs, elles peuvent être intenses et empêchent d'uriner normalement. Ces troubles surviennent sans crier gare et peuvent gâcher le quotidien, c'est pourquoi il est indispensable d'agir au plus tôt. Les origines peuvent être multiples, mais les plus fréquentes sont les infections et fuites urinaires, notamment à la ménopause.

Les troubles les plus fréquents

La cystite : c'est l'infection urinaire la plus courante qui correspond à une infection de la vessie. Elle touche environ une femme sur deux au cours de sa vie et survient souvent plusieurs fois. Dans la plupart des cas, elle est bénigne, si elle ne se reproduit pas plus de deux à trois fois par an, que vous n'êtes pas enceinte ou que vous n'avez ni forte fièvre ni douleurs violentes pouvant témoigner de complications.

Les symptômes : une envie fréquente d'uriner, de jour comme de nuit, limitée parfois à quelques gouttes : c'est la pollakiurie, avec des douleurs au-dessus du pubis, des brûlures mictionnelles et parfois, du sang dans les urines. L'urine est souvent trouble et dégage une mauvaise odeur.

L'incontinence urinaire : celle-ci survient à la suite de la baisse du taux des œstrogènes, qui permettent de maintenir le tonus musculaire du périnée. La plupart du temps, elle est très modérée, et se manifeste lors d'efforts comme la pratique d'une activité sportive ou une quinte de toux. L'incontinence urinaire apparaît lorsque les mictions deviennent de plus en plus fréquentes et lorsque les contractions de la vessie se font irrépressibles. Il devient impossible de se retenir, ce qui provoque une incontinence urinaire, pouvant perturber la vie quotidienne. Osez en parler à votre médecin. Des solutions existent pour soulager les fuites et l'incontinence urinaire, que ce soit une rééducation périnéale, un traitement médicamenteux, ou dans les situations plus douloureuses, une intervention chirurgicale.

La cranberry, le remède anticystite

La cranberry ou canneberge est une petite baie rouge au jus amer et acidulé. Elle est réputée pour lutter contre les infections urinaires, sous forme de jus ou de comprimés. Une propriété qui a été reconnue en France par l'Agence de sécurité sanitaire des aliments.

À RETENIR

Les astuces antifuites

• *Limitez la consommation de fruits et légumes diurétiques : le melon, la pastèque, les poireaux, les asperges, le concombre, le pamplemousse, les aubergines, les cerises, l'ananas…*

• *Privilégiez une alimentation riche en fibres : pain et céréales complets, fruits et légumes secs, qui absorbent l'eau des aliments.*

• *Buvez une tisane de feuilles de myrtilles.*

• *En cure, 1 cuillère à soupe d'huile de noix, le soir, au coucher, durant plusieurs mois.*

3

Bien dans son ventre, bien dans son corps

La mode « Ventre plat »

Si vous avez un petit ventre potelé à dissimuler, sachez que la forme d'un vêtement ou le port d'un accessoire peuvent modifier votre silhouette, en la tournant à votre avantage.

Les hauts qu'il vous faut

Les chemises droites et les robes non cintrées sont vos alliées ! Misez sur les coupes assez amples, qui ne dessinent pas la taille, et cachent le ventre joliment. En revanche, si vous avez la chance d'avoir une poitrine opulente, mettez-la en valeur, en portant des hauts bien marqués sous les seins, mais évasés dans le bas, de type trapézoïdal. Jouez la carte de l'illusion, en portant des épaulettes ou un large col, qui vous feront la taille plus fine, par un effet d'optique.

Choisissez bien les matières, en essayant toujours un vête-ment avant de l'acheter sous peine de mauvaise surprise, de retour à la maison. En effet, certains tissus semblent fluides, et se révèlent « stretch », à l'habillage. Vous devez absolument les éviter, car des débardeurs, des chemi-settes ou des tops moulants révéleraient les courbes de votre bidon, ce qui n'est pas l'objectif. De plus, vérifiez la tombée du dos, car parfois, la coupe fait un pli à la hauteur de la taille, du fait que le ventre « tire » le tissu vers l'avant.

Optez pour une taille supérieure à la vôtre, et pas le contraire, afin d'être libre de vos mouvements, mais aussi pour que votre haut descende légèrement sur les cuisses. Ou alors, rentrez-le dans le pantalon, et faites blouser !

Les bas qui affinent

C'est la mode des tailles basses, alors profitez-en ! Vous serez beaucoup plus à votre aise, car votre ventre ne sera pas serré, ce qui occasionne des spasmes, et des ballonnements, au fil de la journée. Même si votre bidon ressort un peu, ce n'est pas grave, puisqu'il sera caché par une chemise ou un pull amples. Fuyez les pantalons à pinces qui élargissent la taille, les gros boutons sur le devant, et les tailles hautes qui dessinent les bourrelets. Préférez les pantalons avec fermeture sur le côté, cela évite de rajouter de l'épaisseur. Côté matières, là encore, vous privilégierez les plus fluides, les tissus qui tiennent bien, sur des coupes droites.

Les accessoires « ventre plat »

Collectionnez les ceintures, de préférence assez larges, pour couvrir les hanches. Cela affinera votre silhouette, alors qu'une ceinture à la taille soulignera votre ventre. Privilégiez le cuir souple, et les couleurs foncées et mates. Osez les bijoux clinquants, les boucles d'oreilles créoles, les colliers fantaisie, en privilégiant les grandes tailles qui attireront l'œil sur le haut, et pas sur le bas.

Les dessous chics et sexy

Concernant les maillots de bain, revenez, sans hésiter, aux années cinquante, avec des culottes à taille haute, et des soutiens-gorge pigeonnants, qui mettent en valeur la poitrine. Si le maillot de bain « une pièce » a votre préférence, misez sur le noir, le vert profond, le bordeaux, lo marron, lc bleu soutenu ou le gris fonцé, avec un décolleté en V, et des armatures pour souligner la courbe des seins. En revanche, la culotte taille basse est à boycotter ; elle ferait ressortir votre ventre.

Côté lingerie, privilégiez les mêmes coupes que les maillots de bain. Vous pouvez tricher néanmoins, en investissant dans des culottes, des gaines, et des collants « ventre plat ». Renfort abdominal, doublure renforcée, la plupart sont même jolies et sexy, bien loin des modèles de nos grands-mères.

ATTENTION

Évitez les rayures horizontales qui donnent du volume, tout comme les pois et les grosses fleurs.

La médecine esthétique, une médecine douce

Une bonne hygiène de vie, une alimentation saine et équilibrée, ainsi qu'une activité physique régulière sont nécessaires et complémentaires pour conserver un ventre plat. Pour autant, dans certaines situations, la médecine esthétique peut apporter une solution tout à fait appropriée, lorsque la peau du ventre est striée de vergetures, suite à une grossesse ou à une perte de poids importante. Quant à la cellulite, ce problème spécifiquement féminin, il est bien difficile d'en venir à bout par une simple bonne hygiène de vie. Les dernières techniques issues de la médecine esthétique ont l'avantage d'être douces et non traumatisantes, à la différence de la chirurgie esthétique. Il est alors intéressant de les connaître pour envisager de petites interventions, au résultat généralement spectaculaire.

Effacer les vergetures

Les vergetures représentent une pathologie fréquente et très inconfortable sur le plan esthétique. Elles résultent de la rupture des fibres élastiques du derme, sous l'effet d'un étirement trop important ou d'une modification hormonale. Elles apparaissent principalement sur le ventre, les seins, les hanches, les cuisses et les fesses. Souvent multiples, elles se groupent en faisceaux de lignes parallèles, adoptant une disposition fréquemment symétrique. Au départ, elles sont légèrement en relief et de couleur rouge, voire violacée. Par la suite, elles prennent un aspect atrophique. Nombreux sont les événements, dans la vie d'une femme, qui mettent son corps à rude épreuve. La puberté, les régimes à répétition et la grossesse sont autant de périodes sensibles pour la peau qui se manifestent par l'apparition de ces petites stries pourpres, puis blanches, communément appelées « vergetures ».

L'AVIS DU DR MARTINE LANCRI

Une bonne hydratation ainsi qu'une prise de poids modérée pendant la grossesse minimisent les risques de « fissure » de la peau. Pour autant, il n'y a pas de remèdes miracles pour éviter les vergetures, mais il en existe pour les estomper :

- *Les traitements médicamenteux à la vitamine A acide, accompagnés de certains produits vendus dans le commerce, dont l'efficacité est somme toute relative.*
- *Les techniques de lissage (identiques à celles utilisées pour le visage) qui seront progressivement efficaces. En effet, que ce soit **les peelings moyens** (inefficacité des superficies) ou **le Water-Beam®** (et autres microabrasions mécaniques), il faudra plusieurs séances pour obtenir une amélioration, et ce, grâce à la stimulation de la peau, de part et d'autre des vergetures. Entre chaque séance, des crèmes à base de vitamine A acide seront prescrites.*

La technique du peeling

L'AVIS DU DR MARTINE LANCRI

Elle a pour vocation d'effacer les taches, les petites rides, les rugosités de la peau et de créer une situation favorable pour que la nouvelle peau soit plus tonique, plus lisse et plus souple. Il existe différents types de peelings que l'on utilise en fonction de leur efficacité, dont le peeling moyen. Il est plus agressif que le peeling superficiel, car il touche la peau en profondeur. Composé d'acide trichloroacétique à 20 ou 35 %, il donne des résultats aussi efficaces que durables, mais les suites sont un peu douloureuses, avec des sensations de brûlure et des œdèmes pendant quelques jours.

La peau est préparée avec une crème à base de vitamine A acide pendant les quinze jours précédant l'intervention. Puis, le jour J, une solution à base d'acide trichloroacétique, plus ou moins concentrée (15 à 30 % de TCA), est appliquée sur le ventre, avec un temps de pause qui ne dépasse pas 10 minutes. Dès l'apparition d'une pellicule blanche, le médecin rince l'ensemble à l'eau tiède. Quelques sensations d'échauffement plus ou moins intenses peuvent se manifester, mais il n'y a pas d'inquiétude à avoir, c'est le processus normal. Le troisième jour, les peaux mortes se forment, craquellent puis se décollent. Il ne faut surtout pas toucher à la peau, ne pas l'arracher, car en dessous, la nouvelle peau se forme, nette et lisse. Prévoyez une semaine de repos, sans mondanités ni sorties, et pas de soleil pendant trois mois. La seule contre-indication de ce peeling concerne les peaux foncées pour lesquelles il est parfaitement déconseillé.

La technique du Water-Beam®

L'AVIS DU DR MARTINE LANCRI

Un nouveau procédé innovant, doux, mais très efficace pour traiter les imperfections de la peau et lui redonner sa jeunesse et son éclat. Le Water-Beam® met en œuvre un procédé efficace pour hydrater la peau, gommer les taches pigmentaires, atténuer les rides, les ridules et les vergetures. Le principe consiste, après une exfoliation des couches cornées de l'épiderme par de la poudre de fruits, à projeter sur la peau sous très haute pression, des microjets de sérum physiologique, additionné de produits hydratants et antipigmentaires. Les microjets vont permettre une hyperpénétration au travers de l'épiderme de ces molécules anti-âge pour redonner un parfait équilibre et une nouvelle jeunesse à la peau. Un meilleur métabolisme cellulaire, une meilleure microcirculation, un apport d'anti-radicaux libres responsables du vieillissement de la peau vont, en quelques séances, redonner un teint plus uniforme et lumineux, augmenter les fibres élastiques et de collagène, responsables de l'élasticité et de la souplesse de la peau. Ce traitement non invalidant s'effectue sur cinq à six séances, tous les dix jours. Puis, en traitement d'entretien, une séance tous les trois à six mois est nécessaire. L'intérêt de cette technique est qu'elle est indolore, ne laissant parfois que quelques rougeurs.

L'AVIS DU DR MARTINE LANCRI

Une technique efficace :
Laser Erbium et peeling moyen

Selon leur état et leur ancienneté, différentes techniques sont efficaces : le laser colorant, l'Erbium Yag, le laser CO_2, ou un mélange des deux ou des trois. Les traitements au laser ont pour but d'atténuer la rougeur de la vergeture récente, et de lisser la peau de la vergeture ancienne. Le traitement se fait généralement en une ou plusieurs séances, selon l'état de la peau et de la lésion. La vergeture est une cassure au niveau de la peau, épiderme et derme, donc ce qui est cassé est cassé. Mais on va tellement stimuler de part et d'autre que la vergeture va être remplacée par du tissu neuf. De fait, que ce soit sur le ventre, les hanches, les cuisses ou les seins, tout va s'estomper, à la limite de la visibilité.

Deux à trois séances sont nécessaires pour effacer les vergetures, même les plus larges et les plus disgracieuses.

En finir avec la cellulite

La cellulite est la conséquence d'un phénomène hormonal typiquement féminin, aux étiologies multiples : hérédité, déséquilibre nutritionnel, insuffisance veino-lymphatique, stress, sédentarité... Elle se manifeste par une série de modifications de la zone adipeuse sous-cutanée, et en particulier, par une augmentation du nombre des adipocytes et de leur volume, ainsi qu'une modification des tissus environnants, apparentées à un vieillissement du tissu conjonctif et un état de stase.

Toujours localisée aux mêmes endroits (ventre, hanches, fesses, cuisses, genoux), la cellulite s'installe insidieuse-ment et s'aggrave progressivement pour devenir finale-ment un problème esthétique psychologiquement mal accepté et difficile à traiter. Elle peut être combattue et améliorée par une prise en charge globale associant une bonne hygiène de vie (équilibre alimentaire et activité physique) et des soins locaux parmi lesquels la mésothé-rapie, la liposuccion et le palpé-roulé.

Les traitements veineux, capillaires et lymphatiques

La lutte contre le surpoids est la première mesure à envi-sager, avec un régime adapté. Il est important de traiter les troubles circulatoires généraux veineux, capillaires ou lymphatiques, en amont. De même, les troubles hormo-naux peuvent exister et doivent être pris en charge. Ces traitements seront prescrits selon chaque cas, et vont améliorer considérablement les résultats de tout traite-ment local.

Un classique : la mésothérapie

EXPERT

Elle existe depuis plus de vingt ans. Elle consiste à injecter dans la graisse, des molécules lipolytropes, drainantes, luttant contre la rétention d'eau. Les multi-injections seront faites à chaque séance, sur toute la zone cellu-litique à traiter. Par exemple, on peut traiter plus spéci-fiquement des troubles circulatoires veineux, ou bien une fibrose (durcissement) plus importante, suivant les types de cellulite. La séance dure environ quinze à vingt minutes. Bien faite, elle n'est pas douloureuse. Une dizaine de séances sont recommandées, à raison d'une par semaine, puis tous les quinze jours. La mésothérapie est particulièrement indiquée lorsque des troubles circulatoires existent, et dans les cellulites diffuses, couvrant une grande surface. On améliore beaucoup l'aspect peau d'orange, et l'on obtient une diminution de volume variable, suivant les cas.

D'autres molécules sont aussi utilisées pour réduire l'aspect peau d'orange, flasque, avec en plus, une diminution variable sur le volume.

EXPERT

Méthode d'« aspiration-palpé-roulé »

Elle permet d'agir sur la tonicité et la qualité de la peau. De plus, elle décuple l'efficacité de la mésothérapie :
• la mésothérapie détruit les graisses ;
• l'aspiration-palpé-roulé permet de les éliminer, en drainant et en tonifiant.
Il est intéressant d'alterner, une semaine sur deux, la mésothérapie et l'aspiration-palpé-roulé.

EXPERT

La liposculpture

Pour modifier la silhouette de façon durable, la liposculpture permet des corrections de volume importantes, et surtout définitives, en supprimant des cellules graisseuses localisées. Cette méthode se pratique avec des canules de 3 à 5 millimètres de diamètre, sous simple anesthésie locale ; l'intervention est ambulatoire, et l'on repart chez soi juste après l'acte.

L'aspiration peut se faire à la seringue ou à l'aspirateur chirurgical ; le choix est affaire de l'expérience du praticien. L'intervention dure environ deux heures et ensuite, le port d'un panty est conseillé pendant trois à quatre semaines. Une consultation préopératoire est indispensable pour analyser, avec le médecin, la silhouette à modifier, poser l'indication éventuelle de l'intervention, et d'en définir les modalités pratiques. Entre la consultation initiale, soigneuse et attentive et l'intervention, il faut respecter cependant un délai de réflexion. Plus la cellulite est localisée et meilleure est l'indication, donc les résultats. Ceux-ci se jugent à environ 60 % à un mois. Il faut ensuite patienter de trois à six mois pour un résultat définitif.

La lipoponction

C'est la version « light » de la liposculpture. Elle permet aussi d'obtenir des résultats quasi définitifs sur des zones choisies « à la carte ». Le principe diffère par l'emploi de microcanules à ponction, spéciales, très fines de 2 millimètres et multiperforées, non traumatisantes, donc moins de bleus. Celles-ci détruisent la graisse plus qu'elles n'en retirent. L'intervention est ainsi très légère, peu dosée, sous simple anesthésie locale. La résorption des tissus cellulitiques se faisant ensuite progressivement, la peau n'est pas soumise au relâchement ; on prévoit généralement deux à trois séances successives à un ou deux mois d'intervalle environ, pour un résultat en volume, équivalant à une liposculpture. Le port d'une contention est d'une semaine. Il n'y a alors pratiquement plus aucun risque de défaut de surface de la peau, grâce au principe de la lipoponction.

CE QU'EN DIT LE DR MARTINE LANCRI

Comment entretenir les résultats ?

Il est évident qu'il ne faut pas prendre dix kilos après une liposculpture ou une lipoponction, si l'on veut conserver les résultats de l'intervention. Pour les autres traitements, notamment pour « la peau d'orange », il est bon d'effectuer des séances d'entretien chaque année. En cas de troubles circulatoires, hormonaux ou nerveux, il est indispensable d'être régulièrement suivie et traitée périodiquement. Bien évidemment, si les causes persistent, elles auront tendance à reproduire les mêmes effets.

Comment maintenir une harmonie corporelle ?

Grâce à ce livre, en mangeant bien, en bougeant mieux, en étant au top, vous allez acquérir et conserver un ventre plat, tonique et « silencieux ».

4

Votre programme ventre plat sur 15 jours

SEMAINE 1

Lundi

Mardi

Mercredi

Jeudi

Vendredi

Samedi

Dimanche

SEMAINE 1

Lundi

Votre menu du lundi

Petit-déjeuner

Un café ou un thé
Deux tranches de pain complet, avec du beurre allégé
Un citron pressé
Un fromage blanc à 0 % MG

Collation 10 heures

Un œuf dur,
Un verre d'eau

Déjeuner

Un steak de 120 g., avec des épinards, à l'huile de noix,
Une part de gâteau à l'orange

Collation 17 heures

Un laitage à 20% MG, ou un fruit

Dîner

Une soupe de concombre au yaourt,
Une tranche de pain complet,
Un fruit

Mes petites recettes « ventre plat »

Gâteau à l'orange

Pour 6 personnes

Ingrédients
▸ *150 g de chocolat à cuire*
▸ *12 cl de lait*
▸ *100 g de sucre*
▸ *2 œufs*
▸ *60 g de Maïzena®*
▸ *le jus d'une demi-orange*
▸ *sucre glace*

Pourquoi c'est une recette « Ventre Plat » ?

La farine classique est remplacée par la Maïzena®, de la **fécule de maïs** *sans gluten, utilisée pour épaissir, tout en présentant l'avantage de confectionner des desserts légers et savoureux. L'*orange *est un fruit aux vertus incontestables sur l'appareil digestif, et participe à l'apaisement des troubles, de type « constipation » et « digestion difficile ».* .

Préparation :

Pressez la demi-orange. Faites fondre le chocolat dans une casserole, à feu très doux ou au bain-marie. Séparez les blancs des jaunes d'œufs. Délayez les jaunes, avec 4 cuillères à soupe de lait chaud. Faites bouillir le reste du lait avec le sucre, puis ajoutez la Maïzena® délayée dans un peu d'eau. Laissez encore bouillir quelques instants.

Ajoutez le chocolat fondu, le jus d'orange, et versez la crème petit à petit sur les jaunes d'œufs. Versez le tout dans un moule beurré, laissez refroidir, puis placez le gâteau au réfrigérateur, durant 24 heures. Démoulez le gâteau, puis saupoudrez-le légèrement de sucre glace, avant de servir.

SEMAINE 1

Lundi

Mardi

Mercredi

Jeudi

Vendredi

Samedi

Dimanche

Soupe de concombre au yaourt

Pour 1 personne

Ingrédients

▸ *un pot de yaourt nature allégé*
▸ *1 mini concombre*
▸ *¼ de gousse d'ail*
▸ *1 brin de menthe*
▸ *½ c. à c. de graines de cumin*
▸ *½ c. à c. de sel*
▸ *½ c. à c. de poivre blanc moulu*

Préparation :

Lavez, pelez le concombre, puis coupez-le en morceaux. Pelez et écrasez l'ail. Lavez, séchez, ciselez les feuilles de menthe.

Mixez le concombre avec le yaourt, l'ail, le sel, le poivre, les graines de cumin et la menthe ciselée. Passez le tout au chinois.

Laissez la soupe au frais, durant 2 heures au minimum.

Pourquoi c'est une recette « Ventre Plat » ?

Le **yaourt allégé,** *outre sa faible teneur en graisse, apporte toute sa richesse en levure, élément important d'un bon transit.*

Le **concombre,** *un légume riche en fibres, est peu calorique.*

*L'***ail,** *enfin, est un aliment « carminatif » c'est-à-dire qu'il favorise l'expulsion des gaz résultant de la fermentation intestinale, tout en réduisant leur production.*

CONSEIL

Mon conseil pour « manger sans gonfler »

Mettez-vous à table pour déjeuner et dîner, avec une assiette, des couverts, en position assise. C'est important pour la digestion !

CONSEIL

Astuce anti-ballonnement

Vos ennemis sont les graisses et les sucres rapides, qui vont se stocker dans le tissu adipeux.

Pour ne plus regonfler, *vous devez :*

- *Diminuer votre consommation en matières grasses, en privilégiant les huiles végétales (olive, colza, tournesol, soja) pour les préparations froides, et l'huile de palme ou d'arachide, pour la cuisson et le poisson.*
- *Concernant les sucres, il est hors de question de ne plus en consommer, mais plutôt les sucres lents tels le pain, les céréales, les féculents ou les fruits (rouges de préférence).*

À éviter : *les fritures, les plats en sauce, les mayonnaises, la charcuterie, les fromages gras, ainsi que les pizzas, quenelles, quiches…*

À proscrire : *boissons sucrées, pâtisseries, desserts industriels, bonbons…*

SEMAINE 1

Lundi | Mardi | Mercredi | Jeudi | Vendredi | Samedi | Dimanche

L'EXERCICE « VENTRE PLAT » DU COACH

Allongé(e) sur le dos, mains positionnées derrière la nuque, les pieds posés sur une chaise.
Contractez vos abdominaux et essayez de relever le buste au maximum de vos possibilités, puis redescendez.
Montez en expirant, puis redescendez lentement en inspirant.
Effectuez 2 à 3 séries de 15 répétitions.

CONSEIL

Le fait de positionner vos pieds sur une chaise, vous évite de trop solliciter les cuisses. Le travail est plus efficace ! Cet exercice vous permet de travailler vos grands droits et vos abdominaux du haut, juste en dessous de la poitrine.

Mardi

Votre menu du mardi

Petit-déjeuner

Un thé vert
Deux tranches de pain au son, avec du beurre allégé
Une pomme

Collation 10 heures

Une compote de fruits, sans sucre
Un verre d'eau

Déjeuner

Œufs Béchamel, purée d'épinards
Une tranche de pain complet
Un yaourt à 20 % MG

Collation 17 heures

Un fruit

Dîner

Magret de canard aux fraises ou aux pêches
Un yaourt à 0 % MG

CONSEIL

Mon conseil pour « manger sans gonfler »

Posez votre fourchette toutes les trois bouchées, et respirez profondément, pour prolonger la durée du repas, et ressentir cette fameuse satiété, qui vous évitera de manger plus que vous n'en avez besoin.

Mes petites recettes « ventre plat »

Œufs Béchamel

Pour 1 personne

Ingrédients
▸ *2 c. à s. de beurre allégé*
▸ *2 c. à s. do farine*
▸ *¼ de c. à c. de sel*
▸ *1 tasse de lait*
▸ *poivre,*
▸ *2 œufs cuits durs, coupés en morceaux.*

Préparation :

Faites fondre le beurre dans une petite casserole, à feu moyen. Incorporez la farine et le sel. Poivrez, selon votre goût. Versez lentement le lait, en brassant. Laissez sur le feu, en remuant, jusqu'à ce que la sauce épaississe. Ajoutez les œufs cuits durs, coupés en morceaux.

Pourquoi c'est une recette « Ventre Plat » ?

Les œufs, particulièrement digestes, sauf allergie, sont riches en vitamines et minéraux, tout en étant une bonne source de protéines. Rappelons que les protéines limitent la perte musculaire et facilitent la fonte graisseuse.

Pour la sauce Béchamel, nous utilisons un beurre allégé, pour obtenir une sauce goûteuse et légère.

CONSEIL

Astuce anti-ballonnement

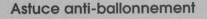

Fractionnez le plus possible vos repas, pour un même apport calorique journalier. Surtout, conservez, au minimum, trois repas par jour. Sachez qu'un repas copieux ne remplace jamais deux repas.

Magret de canard aux fraises

Pour 1 personne

Pourquoi c'est une recette « Ventre Plat » ?

La **viande d'oie ou de canard** *est bénéfique pour la santé. En effet, les volailles sont riches en acides gras polyinsaturés et en acides oléiques, des « bonnes graisses », aux effets protecteurs sur l'organisme.*

Les **fruits rouges,** *et notamment les fraises, sont certes sucrés, mais avec un sucre à faible index glycémique, c'est-à-dire qu'il se libère lentement dans l'organisme et de ce fait, il est bien digéré.*

Ingrédients

▸ *150 g de magret de canard*
▸ *100 g de fraises*
▸ *poivre vert*
▸ *1 pincée de quatre-épices en poudre*
▸ *sel*
▸ *poivre.*

Préparation :

Répandez le poivre vert dans un plat allant au four. Posez dessus le magret, puis faites-le cuire en position gril, pendant 10 minutes.

Après avoir lavé les fraises, broyez la moitié au mixeur. Tamisez pour éliminer les grains. Ajoutez la pincée de quatre-épices, le sel, et le poivre. Laissez-les cuire à feu doux, sans les faire bouillir.

Quand les magrets sont cuits, arrosez-les de sauce aux fraises, et servez avec le reste des fraises, coupées en lamelles.

 Vous pouvez remplacer les fraises par des pêches.

SEMAINE 1

Lundi

Mardi

Mercredi

Jeudi

Vendredi

Samedi

Dimanche

L'EXERCICE « VENTRE PLAT » DU COACH

Allongée sur le dos, les deux mains derrière la nuque, jambes fléchies, pieds posés à plat, sur le sol. Relevez le buste et dans le même temps, remontez un genou puis, redescendez la tête au ras du sol, ainsi que le pied.

Expirez en relevant le buste et inspirez en redescendant. Effectuez trois à quatre séries de 30 répétitions pour chaque jambe.

CONSEIL

Il est important de bien contracter vos abdominaux, pour ne pas trop solliciter vos cervicales. Cet exercice permet de bien travailler les obliques.

Mercredi

Votre menu du mercredi

Petit-déjeuner

Un café ou un thé
Deux tranches de pain complet, avec du beurre allégé
Une tranche de jambon
Une orange

Collation 10 heures

Un œuf dur
Un verre d'eau

Déjeuner

Poulet aux aubergines
Une pomme de terre vapeur
Un fromage blanc à 20 % MG

Collation 17 heures

Un laitage à 20 % MG

Dîner

Rôti de porc à la tomate
Une tranche de pain complet
Une pomme

Mes petites recettes « ventre plat »

Poulet aux aubergines

Pour 1 personne

Ingrédients
- *1 escalope de poulet*
- *1 aubergine*
- *2 tomates*
- *½ gousse d'ail*
- *curcuma*
- *1 c. à s. de coriandre*
- *2 c. à s. d'huile d'olive*
- *sel*
- *poivre*

Préparation :

Lavez, épluchez l'aubergine, puis coupez-la en rondelles. Faites-les revenir dans une poêle avec un peu d'huile d'olive, puis réservez-les dans un papier absorbant. Ébouillantez les tomates, pelez-les et épépinez-les, puis coupez-les en dés. Épluchez l'ail, et coupez-le en lamelles. Rincez la coriandre et réservez-la. Coupez l'escalope de poulet en morceaux.

Dans une poêle, versez l'huile d'olive, et faites dorer les morceaux de poulet. Réservez. Dans l'huile du poulet, faites revenir les tomates, avec l'ail et le curcuma. Laissez mijoter à feu doux pendant environ 10 minutes.

Remettez les morceaux de poulet, ajoutez les aubergines et la coriandre ciselée et poursuivez la cuisson à feu doux, pendant environ 10 minutes, jusqu'à ce que la sauce épaississe. Salez et poivrez.

Lundi | Mardi | Mercredi | Jeudi | Vendredi | Samedi | Dimanche

Pourquoi c'est une recette « Ventre Plat » ?

Le **poulet**, *volaille non grasse, est une viande particuliè-rement digeste.*

L'**ail** *est un aliment « carminatif », c'est-à-dire qu'il favorise l'expulsion des gaz résultant de la fermentation intestinale, tout en réduisant leur production.*

La **coriandre** *est connue pour diminuer les flatulences, et favoriser la sécrétion des sucs gastriques. Elle apaise les troubles digestifs, et notamment, les coliques.*

Le **curcuma**, *hépato-protecteur et décongestionnant biliaire, harmonise la digestion.*

L'**aubergine**, *outre sa faible teneur calorique, présente la particularité de « gonfler » dans l'estomac, créant un effet coupe-faim.*

CONSEIL

Mon conseil pour
« manger sans gonfler »

Apprenez à mastiquer les aliments, et à manger lentement, pour favoriser une meilleure digestion.

Rôti de porc à la tomate

Pour 1 personne

Ingrédients
- *150 g de rôti de porc (épaule ou filet)*
- *1 oignon*
- *2 tomates*
- *½ gousse d'ail*
- *2 c. à s. d'huile d'olive*
- *20 cl de vin blanc sec*
- *sel et poivre*

Préparation :

Lavez, puis coupez les tomates en morceaux, puis écrasez la gousse d'ail et émincez l'oignon. Versez l'huile dans une cocotte, et faites revenir le rôti sur toutes ses faces. Retirez le rôti. Faites blondir les oignons émincés, puis ajoutez le vin blanc, les tomates et l'ail. Remettez la viande au milieu des tomates, salez, et poivrez. Couvrez, baissez le feu, puis laissez cuire le rôti pendant une heure.

CONSEIL

Astuce antiballonnement

D'une façon générale, adoptez la « dîner light » attitude. Votre sommeil en sera plus réparateur, et votre digestion, meilleure.

Pourquoi c'est une recette « Ventre Plat » ?

Halte à toutes les idées reçues ! La **viande de porc**, *avec un apport calorique moyen, voisin de celui de la volaille, et une teneur en graisses minime (en grande partie constituée d'acides gras insaturés), entre parfaitement dans le cadre d'une alimentation légère et équilibrée.*

*L'*ail *est un aliment « carminatif », c'est-à-dire qu'il favorise l'expulsion des gaz résultant de la fermentation intestinale, tout en réduisant leur production.*

La **tomate***, très riche en eau, est idéale pour conserver la ligne. D'un faible apport calorique, elle favorise l'élimination des toxines. Sa peau et ses graines contiennent des fibres qui stimulent le transit intestinal, et sa note acidulée favorise les sécrétions digestives pour un ventre bien plat. Elle contribue à la bonne assimilation du repas.*

L'EXERCICE « VENTRE PLAT » DU COACH

Allongée sur le dos, bras tendus au-dessus de la tête, une jambe tendue au sol, l'autre fléchie, pied à plat sur le sol. Montez la jambe tendue en l'air et relevez votre buste en même temps afin d'aller toucher votre pied, puis redescendez lentement, tout en contractant vos abdominaux. Expirez en montant, et inspirez en redescendant. Effectuez trois séries de 15 répétitions.

CONSEIL

Pensez à bien contracter vos abdominaux, pour éviter de tirer sur le bas des reins. Cet exercice fait travailler le haut des abdominaux.

Jeudi

Votre menu du jeudi

Petit-déjeuner

Un café ou un thé
Un bol de céréales, sans sucre, avec 210 ml de lait
Deux kiwis

Collation 10 heures

Un œuf dur
Un verre d'eau

Déjeuner

Pâtes au saumon
Une mandarine

Collation 17 heures

Un laitage à 20 % MG ou un fruit

Dîner

Blanquette de veau
Une tranche de pain complet
30 g de gruyère

CONSEIL

Mon conseil pour « manger sans gonfler »

Mangez dans le calme. Le repas doit être un moment de détente, sans l'intrusion permanente de la télévision ou autre média.

Mes petites recettes « ventre plat »

Pâtes au saumon

Pour 1 personne

Ingrédients
- *60 g de pâtes*
  (pâtes fraîches, spaghettis ou tagliatelles)
- *1 tranche de saumon fumé*
- *20 cl de crème fraîche liquide allégée*
- *1 petit bouquet d'aneth frais*
- *2 c. à s. d'huile d'olive*
- *sel*
- *poivre*

Préparation :

Coupez la tranche de saumon fumé en fines lanières. Dans une casserole, faites chauffer, à feu très doux, la crème fraîche, avec les lanières de saumon et un peu de poivre.

Faites bouillir de l'eau salée, et faites cuire les pâtes « al dente ». Au terme de la cuisson, égouttez les pâtes.

Versez-les dans un saladier. Assaisonnez-les de deux cuillères à soupe d'huile d'olive. Mélangez. Arrosez de sauce, à la crème et au saumon, et d'une cuillère à café d'aneth ciselé.

Pourquoi c'est une recette « Ventre Plat » ?

*Les **pâtes** sont de bonnes sources d'énergie et de protéines. Les sucres, présents en quantité importante, le sont surtout sous forme de glucides complexes, faciles à digérer. Absorbés plus lentement par l'organisme, leur action s'étend sur une période relativement longue, d'où la sensation de satiété.*

*L'**aneth** est une plante aromatique à laquelle on reconnaît des vertus digestives et stimulantes : mâcher ses graines après un repas, c'est s'assurer d'une bonne digestion, et d'une haleine fraîche. En infusion, l'aneth est aussi reconnu pour son action antispasmodique.*

SEMAINE 1

Lundi
Mardi
Mercredi
Jeudi
Vendredi
Samedi
Dimanche

Blanquette de veau

Pour 1 personne

Pourquoi c'est une recette « Ventre Plat » ?

La **viande de veau** *est l'une des sources de protéines de bonne qualité. Par exemple, une escalope de veau de 100 g couvre plus de 60 % des besoins en protéines. Peu grasse, c'est une viande facilement assimilable et digeste.*

L'association **riz** *et* **champignons** *représente un bon équilibre : les sucres du riz étant ralentis par les fibres des légumes. Cela favorise une bonne digestion et un transit intestinal de qualité.*

Ingrédients
▸ *150 g de viande*
▸ *1 oignon*
▸ *1 bouquet garni*
▸ *1 carotte*
▸ *100 g de champignons de Paris*
▸ *20 cl de crème fraîche allégée*
▸ *2 c. à s. d'huile d'olive*
▸ *sel*
▸ *poivre*
▸ *20 cl de vin blanc*
▸ *3 c. à c. de fond de veau*

Préparation :

Dans une cocotte, faites rissoler l'oignon émincé dans l'huile d'olive pendant 5 minutes, en mélangeant. Ajoutez le bouquet garni, la viande coupée en petits morceaux, sans gras, ni os, le sel et le poivre. Une fois que la viande est bien saisie, versez le fond de sauce, délayé dans 25 cl d'eau et de vin. Laissez pendant 30 minutes à feu doux, puis ajoutez la carotte coupée en rondelles et les champignons. Laissez cuire 45 minutes à feu moyen, à mi-couvert, en mélangeant de temps en temps, puis laissez réduire. Ajoutez la crème fraîche. Servez avec du riz blanc.

ASTUCE

Astuce antiballonnement

En ce qui concerne le plat principal, apprenez à vous servir en petite quantité. Ainsi, vous serez moins tentée de finir votre assiette.

L'EXERCICE « VENTRE PLAT » DU COACH

Allongée sur le dos, jambes tendues en l'air, pieds « flex » (pour allonger et étirer vos mollets). Positionnez vos mains sous les fessiers pour ne pas tirer sur les lombaires. Contractez vos abdominaux puis poussez pieds « flex » vers le plafond, en décollant légèrement les fessiers (pour une meilleure contraction abdominale), puis redescendez lentement. Expirez en décollant les fessiers, et inspirez en redescendant. Effectuez deux à trois séries de 15 répétitions.

CONSEIL

Il n'est pas nécessaire de décoller les fessiers trop haut, sinon le dos serait trop sollicité. Le mouvement doit être fait lentement, pour éviter de compenser avec d'autres parties musculaires. Cet exercice fait travailler le bas des abdominaux.

Vendredi

Votre menu du vendredi

Petit-déjeuner

Un thé vert
Deux tranches de pain au froment grillées, avec du beurre allégé
Un citron pressé
30 g de fromage à pâte dure

Collation 10 heures

Une compote de fruits, sans sucre
Un verre d'eau

Déjeuner

Sandwich au thon
Une orange ou une pomme

Collation 17 heures

Un laitage à 20 % MG ou un fruit

Dîner

Soupe de courgette au basilic
Un steak grillé
Une tranche de pain complet
30 g de fromage de Hollande

SEMAINE 1

Lundi

Mardi

Mercredi

Jeudi

Vendredi

Samedi

Dimanche

Mes petites recettes « ventre plat »

Sandwich au thon

Pour 1 personne

Ingrédients
- *¼ de baguette aux céréales*
- *50 g de thon au naturel*
- *2 feuilles de salade*
- *1 tomate,*
- *quelques tranches d'oignon*
- *mayonnaise allégée*

Préparation :

Ouvrez la baguette, mettez la salade, les rondelles de tomate, les oignons, puis recouvrez de thon.

Pourquoi c'est une recette « Ventre Plat » ?

Ce sandwich représente un plat bien équilibré : du **« vrai » pain,** *aux céréales, pour son apport en énergie lente, des protéines avec le thon, et des fibres avec la* **salade,** *pour une digestion optimale. Il faut juste avoir la main légère sur la mayonnaise, et surtout, prendre le temps de le déguster.*

CONSEIL

Mon conseil pour « manger sans gonfler »

Prenez conscience de ce que vous mangez : le goût, la couleur, l'arôme des aliments. Mangez varié et coloré. Cela concourt à un bon transit.

Soupe de courgette au basilic

Pour 1 personne

Ingrédients
- *1 courgette*
- *1 petit bouquet de basilic*
- *2 carrés de fromage allégé, à 20 % MG*
- *sel*
- *poivre*

Préparation :

Lavez, puis faites cuire la courgette en gros cubes, avec le sel et le poivre, au bain-marie.

Passez-les au mixeur, puis ajoutez les carrés de fromage fondu, et le bouquet de basilic haché.

Mixez l'ensemble, et servez bien chaud.

Pourquoi c'est une recette « Ventre Plat » ?

Avec un total énergétique particulièrement bas, et une forte densité en minéraux et en fibres, la **courgette** *possède toutes les caractéristiques d'un aliment-forme. Très digeste, lorsqu'elle est consommée jeune, ses fibres sont alors remarquablement tendres et bien supportées, pour assurer une bonne digestion.*

Le **basilic** *est connu pour ses vertus digestives, en luttant contre les spasmes gastriques, avec un effet laxatif et diurétique.*

L'EXERCICE « VENTRE PLAT » DU COACH

Allongée sur le dos, bras le long du corps, jambes à la verticale, contractez le ventre tout en décollant légèrement les fesses du sol, puis redescendez lentement au ras du sol, sans les poser, puis remontez.

Expirez en décollant les fessiers.

Inspirez en relâchant.

Effectuez quatre séries de 30 répétitions.

Cet exercice est efficace pour travailler le milieu et le bas du ventre.

CONSEIL

Astuce anti-ballonnement

Évitez les situations hyperfrustrantes. En cas d'excès, la règle de base est de ne jamais sauter le repas suivant. En revanche, il est justifié de l'alléger. En pratique, au repas suivant, le jour même ou le lendemain (à midi ou le soir), prenez un « en-cas », pour marquer la structure du repas, en veillant à ce qu'il soit particulièrement léger. Consommez par exemple des légumes cuits et un laitage.

Samedi

Votre menu du samedi

Petit-déjeuner

Un thé ou un café
Deux tranches de pain complet, avec du beurre allégé
Une cuillère à café de confiture

Collation 10 heures

Un œuf dur
Un verre d'eau

Déjeuner

Sardines à l'huile
Côte de veau à la coriandre
Riz blanc

Collation 17 heures

Un laitage à 20 % MG

Dîner

Noix de Saint-Jacques aux poireaux
Un fruit

Mes petites recettes « ventre plat »

Côte de veau à la coriandre

Pour 1 personne

Ingrédients

▸ *1 côte de veau*
▸ *100 g de fèves fraîches débarrassées de leur cosse verte*
▸ *¼ de boîte de petits épis de maïs*
▸ *½ citron vert*
▸ *1 brin de coriandre fraîche*
▸ *1 c. à s. d'huile d'olive*
▸ *sel*
▸ *poivre*

Préparation :

Levez quelques lamelles de zeste sur le citron, coupez dans ce dernier deux fines rondelles, pressez le reste et mélangez avec l'huile le jus obtenu. Ajoutez quelques feuilles de coriandre, et frottez la côte de veau avec ce mélange. Laissez mariner. Retirez la pellicule transparente recouvrant les fèves, en pressant chaque graine, entre le pouce et l'index. Mettez-les dans de l'eau bouillante salée. Laissez cuire pendant 15 à 20 minutes à petits bouillons. Faites griller la côte de veau sur chaque face ; salez, poivrez. Ajoutez les épis de maïs, puis laissez cuire encore 3 à 4 minutes. Servez dans l'assiette, avec les fèves égouttées autour. Décorez avec le zeste et les rondelles de citron.
Servez avec des légumes cuits ou une salade verte.

Lundi   Mardi   Mercredi   Jeudi   Vendredi   Samedi   Dimanche

Pourquoi c'est une recette « Ventre Plat » ?

La **viande de veau** *est l'une des sources de protéines de bonne qualité. Par exemple, une escalope de veau de 100 g couvre plus de 60 % des besoins en protéines. Peu grasse, c'est une viande facilement assimilable et digeste.*

Les **fèves fraîches,** *peu caloriques, sont des légumineuses qui apportent de bonnes protéines végétales, et assurent une bonne digestion.*

La **coriandre** *est connue pour diminuer les flatulences et favoriser la sécrétion des sucs gastriques. Elle apaise efficacement les troubles gastriques et les coliques.*

CONSEIL

Mon conseil pour
« manger sans gonfler »

Dînez à distance du coucher : au moins 2 heures et demie à 3 heures d'intervalle.

Évitez les repas copieux le soir, car le métabolisme fonctionne au ralenti, et l'insuline a tendance à stocker.

CONSEIL

Astuce anti-ballonnement

N'oubliez pas de boire beaucoup d'eau, au moins 1,5 litre par jour !

Noix de Saint-Jacques aux poireaux

Pour 1 personne

Ingrédients

▸ *2 blancs de poireaux*
▸ *6 noix de Saint-Jacques*
▸ *25 cl de vin blanc*
▸ *25 cl de crème fraîche allégée*
▸ *1 gousse d'ail*
▸ *1 échalote*
▸ *1 c. à s. d'huile d'olive*
▸ *sel et poivre*
▸ *piment de Cayenne en poudre*
▸ *20 g de beurre allégé*

Préparation :

Lavez et émincez les blancs de poireaux, faites-les revenir dans le beurre, puis ajoutez 10 cl de vin blanc. Portez à ébullition et laissez réduire à feu doux.

Pendant ce temps, faites revenir les noix de Saint-Jacques avec l'huile d'olive, ajoutez l'échalote émincée, l'ail haché, remuez et ajoutez le reste de vin blanc. Portez à ébullition, puis ajoutez la crème fraîche, et laissez réduire à feu doux.

Disposez les blancs de poireaux dans votre assiette, avec, au-dessus, les noix de Saint-Jacques. Arrosez de sauce, et saupoudrez d'une pincée de piment de Cayenne.

Selon Hippocrate, le poireau était capable de « **favoriser la diurèse, relâcher le ventre, arrêter les éructations…** »

Pourquoi c'est une recette « Ventre Plat » ?

La **noix de Saint-Jacques** *est un mollusque riche en protéines, léger et digeste, qui présente un apport calorique très faible, avec des graisses constituées en grande partie d'oméga 3, aux effets préventifs bien connus sur les maladies cardio-vasculaires. Une bonne raison de déguster ce petit coquillage, au goût raffiné.*

Le **poireau**, *légume diurétique, et peu énergétique, est riche en vitamines et minéraux variés.*

SEMAINE 1

Lundi
Mardi
Mercredi
Jeudi
Vendredi
Samedi
Dimanche

Dimanche

Votre menu du dimanche

Petit-déjeuner

Un thé ou un café
Deux tranches de pain complet, avec du beurre allégé
Une salade de fruits (pomme, orange, banane)
Un fromage blanc à 20 % MG

Collation 10 heures

Une tranche de jambon
Un verre d'eau

Déjeuner

Filet de lieu doré, carottes et coulis de cresson
Une pomme de terre vapeur
Une part de gâteau au fromage blanc
Un verre de vin

Collation 17 heures

Un fruit

Dîner

Une soupe de légumes
Une part de gâteau au fromage blanc

SEMAINE 1

Lundi

Mardi

Mercredi

Jeudi

Vendredi

Samedi

Dimanche

Mes petites recettes « ventre plat »

Filet de lieu doré, carottes et coulis de cresson

Pour 1 personne

Ingrédients
▸ *1 filet de lieu doré de 200 g*
▸ *100 g de carottes*
▸ *½ botte de cresson*
▸ *1 c. à c. d'huile d'olive*
▸ *3 c. à s. de crème fraîche allégée*
▸ *1 c. à c. de fumet de poisson déshydraté*
▸ *vinaigre d'alcool*
▸ *sel et poivre*

Préparation :

Après avoir lavé le cresson dans une eau vinaigrée, plongez-le dans une casserole d'eau bouillante salée, durant 2 minutes. Égouttez-le. Lavez, coupez les carottes en rondelles, puis faites-les cuire à la vapeur.

Préparation du coulis : dans une casserole, mélangez le fumet de poisson dans 20 cl d'eau bouillante. Refaites bouillir, versez le cresson et ajoutez la crème fraîche. Salez, poivrez. Mixez le tout pour obtenir un coulis, à maintenir au chaud.

Cuisson du poisson : faites chauffer l'huile dans une poêle antiadhésive. Déposez le filet de lieu. Salez, poivrez des deux côtés.

Dans votre assiette, disposez le filet de lieu, et les carottes en médaillon, puis arrosez avec le coulis de cresson.

Pourquoi c'est une recette « Ventre Plat » ?

La plupart des **poissons** *sont très pauvres en graisses. Les plus gras contiennent des acides gras polyinsaturés, dont les fameux oméga 3, qui protègent les artères, le cœur, en faisant baisser le taux de cholestérol. Ce plat peu calorique, riche en protéines et en bons acides gras, apporte aussi des vitamines et des oligoéléments, grâce aux légumes.*

Le **cresson**, *diurétique et dépuratif, active les sécrétions et les fonctions d'épuration. Il est recommandé dans les états d'insuffisance hépatique ou rénale.*

La **carotte**, *riche en sucres facilement assimilables, et en carotène, est un légume régulateur du transit.*

CONSEIL

Mon conseil pour « manger sans gonfler »

Mangez des fibres, telles que des céréales, ou du pain au son, qui favorisent le transit, et luttent contre les ballonnements.

CONSEIL

Astuce anti-ballonnement

Le matin, à jeun, buvez un citron pressé avec de l'eau tiède. Cela nettoie les voies hépatobiliaires.

Gâteau au fromage blanc

Pour 6 personnes

Ingrédients
▸ *1 kg de fromage blanc à 0 % MG*
▸ *10 feuilles de gélatine*
▸ *édulcorant en poudre*
▸ *fruits frais pour la décoration et le coulis*

Préparation :

Huilez votre moule, puis mettez-le au congélateur.
Faites ramollir les feuilles de gélatine pendant 1 demi-heure dans de l'eau froide. Essorez-les à la main. Faites-les fondre dans le micro-ondes ou à la casserole.
Versez le fromage blanc dans un saladier. Ajoutez-y les feuilles fondues de gélatine. Fouettez le tout, en ajoutant un peu d'édulcorant.

Facultatif : vous pouvez ajouter 450 g de framboises congelées à la préparation ou tout autre fruit frais.
Versez le mélange dans le moule, sorti du congélateur, puis laissez le gâteau au réfrigérateur, pendant au moins 4 heures.
Le démoulage se fait facilement, en trempant le fond du plat dans de l'eau chaude, et en décollant les bords avec la pointe d'un couteau.
Décorez le gâteau avec des rondelles de kiwi et/ou d'ananas.

Pour le coulis : mixez des fruits, avec un édulcorant.

Pourquoi c'est une recette « Ventre Plat » ?

Les laitages correspondent à des protéines dont on connaît la nature, indispensables à la structure de notre organisme, à la constitution de la masse maigre du corps.

*La teneur en protéines du **fromage blanc** est plus élevée que celle du yaourt : 8 g/100 g, contre 5 g/100 g pour le yaourt. Le fromage blanc est donc plus rassasiant. De plus, allégé, il est particulièrement digeste.*

*Les **fruits rouges** sont certes sucrés, mais avec un sucre à faible index glycémique, c'est-à-dire qu'il se libère lentement dans l'organisme, pour une meilleure digestion.*

Un vrai plaisir, sans les kilos !

SEMAINE 2

Lundi
Mardi
Mercredi
Jeudi
Vendredi
Samedi
Dimanche

SEMAINE 2

lundi

Votre menu du lundi

Petit-déjeuner

Un thé ou un café
Deux tranches de pain complet, avec du beurre allégé
Une tranche de jambon
Une orange

Collation 10 heures

Un œuf dur
Un verre d'eau

Déjeuner

Un steak de 120 g, purée de courgettes au fenouil
Un yaourt à 0 % MG

Collation 17 heures

Un fruit

Dîner

Brochettes de viande, légumes au paprika
Une tranche de pain complet
Un morceau de fromage à pâte dure

Mes petites recettes « ventre plat »

Purée de courgettes au fenouil

Pour 1 personne

Ingrédients
▸ *1 courgette*
▸ *150 g de fenouil ou un bulbe*
▸ *sel et poivre*

Préparation :

Épluchez, lavez, et émincez le fenouil. Lavez la courgette, et coupez-la en rondelles. Mettez les légumes dans une casserole, recouvrez-les d'eau, puis faites-les cuire durant 20 minutes. Égouttez les légumes, en les pressant légèrement, puis passez-les au mixeur. Salez et poivrez selon votre goût.

Pourquoi c'est une recette « Ventre Plat » ?

Avec un total énergétique particulièrement bas, et une forte densité en minéraux et en fibres, la **courgette** *est très digeste lorsqu'elle est consommée jeune. Ses fibres sont alors remarquablement tendres et bien supportées, favorisant une digestion optimale.*

Le **fenouil** *est traditionnellement utilisé contre la dyspepsie, les flatulences, les douleurs de l'estomac et contre les douleurs de coliques. C'est l'allié d'un ventre apaisé.*

SEMAINE 2

Lurdi

Mardi

Mercredi

Jeudi

Vendredi

Samedi

Dimanche

Brochettes de viande, légumes au paprika

Pour 1 personne

Ingrédients

▸ 40 g de filet de bœuf
▸ 40 g de noix de veau
▸ 40 g de blanc de poulet
▸ 4 tomates cerise
▸ 4 morceaux d'ananas
▸ 25 g de fromage blanc à 0 % MG
▸ persil
▸ ciboulette
▸ basilic
▸ 1 échalote
▸ paprika
▸ poivre vert écrasé
▸ sel
▸ poivre

Préparation :

Coupez les viandes en gros dés, et l'échalote en quartiers. Composez vos brochettes, en alternant les viandes, les légumes et les fruits.

Saupoudrez de paprika et de poivre vert écrasé. Faites griller les brochettes, en les tournant régulièrement.

Mélangez les herbes et le fromage blanc à 0 % MG. Servez ce mélange bien frais, en accompagnement des brochettes.

Pourquoi c'est une recette « Ventre Plat » ?

Les **viandes** *sont d'excellentes sources de protéines de bonne qualité. Peu grasses dans cette brochette, elles sont facilement assimilables et digestes.*

Le **paprika** *est fabriqué à partir de piments doux. La capsaïcine, principe actif des piments, est utilisée en pharmacie pour ses propriétés décongestion- nantes et expectorantes. C'est aussi un excellent stimulant gastrique.*

Quant au **poivre vert**, *il est la touche finale de ce plat aromatique et diététique.*

CONSEIL

Mon conseil pour
« manger sans gonfler »

Pour un même apport calorique, préférez les sucres lents, nécessaires à vos muscles, plutôt que les graisses et les sucres, qui favorisent les amas graisseux autour de la ceinture abdominale.

ASTUCE

Astuce anti-ballonnement

Consommez le café, et le thé noir, avec modération.

SEMAINE 2

Lundi

Mardi

Mercredi

Jeudi

Vendredi

Samedi

Dimanche

L'EXERCICE « VENTRE PLAT » DU COACH

Allongée sur le dos, les jambes fléchies, plantes des pieds à plat au sol. Placez le pied droit sur le genou gauche, les mains derrière la nuque.

Relevez le buste, puis amenez les coudes le plus près possible du genou gauche, et redescendez.

Expirez en relevant le buste. Inspirez en relâchant.

Effectuez deux à trois séries de 15 répétitions de chaque côté.

CONSEIL

Pensez à bien contracter vos abdominaux, et à bien souffler pendant l'effort, pour une meilleure efficacité. Cet exercice fait travailler les grands droits et les obliques externes de l'abdomen.

Mardi

Votre menu du mardi

Petit-déjeuner

Un thé vert
Deux tranches de pain au son, avec du beurre allégé
Une pomme

Collation 10 heures

Une compote de fruits sans sucre
Un verre d'eau

Déjeuner

Crudités variées
Magret de canard, pâtes aux cèpes
Un fruit

Collation 17 heures

Un fruit ou un laitage à 20 % MG

Dîner

Brochettes de saumon et courgettes
Une pomme cuite
Un yaourt à 0 % MG

CONSEIL

Astuce anti-ballonnement

Anticipez le repas. Dans l'heure qui le précède, prenez une collation, type laitage allégé avec une céréale ou un morceau de pain, voire une protéine, pour diminuer la tentation des petits-fours ou des biscuits salés, au moment de l'apéritif.

SEMAINE 2

Lundi

Mardi

Mercredi

Jeudi

Vendredi

Samedi

Dimanche

Mes petites recettes « ventre plat »

Pâtes aux cèpes

Pour 1 personne

Ingrédients

▸ *50 g de pâtes*
▸ *125 g de cèpes frais*
▸ *½ gousse d'ail*
▸ *1 c. à s. de persil*
▸ *1 c. à s. de crème fraîche allégée*
▸ *1 c. à s. d'huile d'olive*

Préparation :

Nettoyez les cèpes frais, en éliminant les parties sableuses des pieds. Lavez-les très rapidement, et coupez-les en fines lamelles. Épluchez et hachez la gousse d'ail.

Faites chauffer l'huile dans une sauteuse et faites revenir les cèpes à feu doux. Salez, poivrez, puis ajoutez l'ail haché et le persil. Les cèpes sont cuits lorsque toute l'eau est évaporée. Ajoutez alors la crème fraîche.

Faites bouillir de l'eau salée. Versez les pâtes, et faites-les cuire « al dente ». Égouttez-les, puis arrosez-les de sauce aux cèpes.

Pourquoi c'est une recette « Ventre Plat » ?

*Les **pâtes** sont d'excellentes sources d'énergie et de protéines. Les sucres, présents en quantité importante, sous forme de glucides complexes, sont faciles à digérer. Absorbés plus lentement par l'organisme, leur action s'étend sur une période relativement longue, favorisant une sensation de satiété.*

*L'association pâtes et **champignons** représente un bon équilibre : les sucres des pâtes étant ralentis par les fibres des légumes. Cela favorise une bonne digestion et un transit intestinal de qualité.*

Brochettes de saumon et courgettes

Pour 1 personne

Ingrédients
- *1 filet de saumon de 200 g sans peau*
- *1 courgette*
- *un citron*
- *2 c. à c. d'huile d'olive*
- *aneth*
- *gros sel*
- *poivre noir*

Préparation :

Coupez le saumon en gros cubes. Lavez, puis coupez la courgette en fines lamelles, dans le sens de la longueur.
Enroulez chaque morceau de saumon, avec une tranche de courgette. Disposez-les dans un plat avec couvercle.
Arrosez les brochettes de jus de citron et d'huile d'olive, salez et poivrez. Laissez mariner durant une heure.
Piquez les cubes sur une ou deux brochettes, puis faites-les griller au four durant 5 minutes, car le citron a précuit le saumon.

Pourquoi c'est une recette « Ventre Plat » ?

*La plupart des **poissons** sont très pauvres en graisses. Les plus gras, comme le saumon, contiennent des acides gras polyinsaturés, dont les fameux oméga 3, qui protègent les artères et le cœur, en faisant baisser le cholestérol.*

SEMAINE 2

Lundi

Mardi

Mercredi

Jeudi

Vendredi

Samedi

Dimanche

L'EXERCICE « VENTRE PLAT » DU COACH

Allongée sur le dos, positionnez les deux mains sous les fesses, genoux sur le ventre.
Décollez les fessiers en montant vos deux genoux serrés sur la poitrine puis redescendez délicatement.
Expirez en décollant les fesses. Inspirez en relâchant.
Effectuez trois à quatre séries de 30 répétitions.

CONSEIL

Pensez à garder la tête dans le prolongement du corps, pour ne pas tirer sur les cervicales, et les genoux bien serrés pour ne pas solliciter vos cuisses. Cet exercice est excellent pour travailler les abdos du milieu.

CONSEIL

Mon conseil pour « manger sans gonfler »

Buvez au moins 1,5 litre d'eau par jour, mais surtout, buvez entre les repas. En revanche, diminuez l'alcool ; pas plus de deux verres par jour.

Mercredi

Votre menu du mercredi

Petit-déjeuner

Un citron pressé
Un thé ou un café
Deux tranches de pain complet, avec du beurre allégé
30 g de fromage à pâte dure

Collation 10 heures

Un œuf dur
Un verre d'eau

Déjeuner

Colin aux oignons nouveaux
Riz blanc
Un yaourt à 0 % MG

Collation 17 heures

Un fruit ou un laitage à 20 % MG

Dîner

Omelette aux asperges
Une tranche de pain complet
Un fruit

SEMAINE 2

Lundi

Mardi

Mercredi

Jeudi

Vendredi

Samedi

Dimanche

Mes petites recettes « ventre plat »

Colin aux oignons nouveaux

Pour 1 personne

Ingrédients
▸ 1 tranche de colin de 200 g
▸ 10 oignons nouveaux
▸ 1 c. à s. d'huile d'olive
▸ 10 brins de ciboulette
▸ ½ citron
▸ sel
▸ poivre

Préparation :

Épluchez les oignons, en gardant 2 cm de tige verte. Faites-les cuire dans l'eau bouillante pendant 8 minutes. Plongez-les dans l'eau froide, égouttez-les et coupez-les en deux. Faites cuire la tranche de colin au four ou en papillote.

Hachez la ciboulette. Faites revenir les oignons dans l'huile, puis saupoudrez de ciboulette, salez et poivrez. Disposez les oignons bien dorés autour du colin, arrosez le poisson avec le jus du citron. Servez avec des légumes verts, cuits à la vapeur.

CONSEIL

Astuce antiballonnement

Boycottez les gâteaux salés, les cacahuètes, et les amandes grillées, à l'apéritif. Privilégiez les tomates cerise, les légumes crus ou les bâtonnets de surimi.

Pourquoi c'est une recette « Ventre Plat » ?

*Le **colin** est riche en protéines, et surtout, pauvre en graisses. Peu calorique, il contient des acides gras poly-insaturés, dont les fameux oméga 3, qui protègent le cœur et les artères.*

*L'**oignon** a toujours joui d'une solide réputation diuré-tique, notamment au niveau de l'élimination du chlorure de sodium. Riche en mucilages, exerçant un effet laxatif, et en diastases, qui sont des ferments, il participe à une bonne digestion.*

Carminatif bien connu, il lutte contre la constipation et les flatulences, tout en désinfectant l'intestin.

Dioscoride recommandait l'oignon cuit, pour chasser les urines, Pline considérait son suc comme le meilleur remède de l'hydropisie et Platine de Crémone a dit, de délicieuse façon, qu'il était propre « **à ouvrir la bouche des veines** ».

CONSEIL

Mon conseil pour « manger sans gonfler »

Évitez les boissons gazeuses, surtout après le dîner.

Omelette aux asperges

Pour 1 personne

Ingrédients

▸ *2 œufs*
▸ *300 g d'asperges*
▸ *une petite boîte de crabe émietté*
▸ *½ verre de lait demi-écrémé*
▸ *1 c. à c. d'huile d'olive*
▸ *sel*
▸ *poivre.*

Préparation :

Faites cuire les asperges à la vapeur, puis coupez-les en petits morceaux, en ne gardant que les plus tendres, vers les pointes. Cassez les œufs dans un saladier, les battre avec du sel, du poivre et ajoutez le lait. Ajoutez ensuite les morceaux d'asperges et le crabe émietté. Huilez une poêle, puis faites cuire l'omelette.

Pourquoi c'est une recette « Ventre Plat » ?

Les œufs, véritable source de vitamines et minéraux, sont également une bonne source de protéines, tout en étant particulièrement digestes, sauf allergie. Les protéines limitent la perte musculaire et facilitent la fonte graisseuse. De plus, les œufs possèdent un fort pouvoir de satiété.

L'asperge est un légume très peu nutritif, avec seulement 16 calories pour 100 g. Riche en phosphore, elle a de bonnes propriétés diurétiques et drainantes.

Lundi Mardi Mercredi Jeudi Vendredi Samedi Dimanche

L'EXERCICE « VENTRE PLAT » DU COACH

Au sol, couchée sur le dos, les genoux fléchis et les cuisses verticales, mains derrière la nuque.

Relevez le buste et les genoux en même temps sur la poitrine, puis relâchez en position initiale.

Expirez en relevant le buste et les genoux.

Inspirez en relâchant.

Effectuez trois séries de 30 mouvements.

CONSEIL

Pensez à ne pas tirer sur la nuque. Contractez bien vos abdos, pour ne pas solliciter le dos. Cet exercice vous permettra de renforcer toute la partie haute de vos abdos.

Jeudi

Votre menu du jeudi

Petit-déjeuner

Un thé ou un café
Deux tranches de pain complet, avec du beurre allégé
1 c. à c. de confiture

Collation 10 heures

Un œuf dur
Un verre d'eau

Déjeuner

Omelette aux épinards
Une pomme de terre vapeur
Un fruit cuit

Collation 17 heures

Un fruit

Dîner

Moules marinières
Une tranche de pain de seigle
Un yaourt à 0 % MG

SEMAINE 2

Lundi

Mardi

Mercredi

Jeudi

Vendredi

Samedi

Dimanche

L'EXERCICE « VENTRE PLAT » DU COACH

Allongée sur le côté, les jambes tendues, une main en appui sur la taille et l'autre sur le sol.

Remontez le bassin le plus haut possible en gardant bien le ventre et la poitrine de face puis redescendez, sans poser les fesses au sol.

Soufflez au moment de monter le bassin, et inspirez chaque fois que vous redescendez.

Effectuez une à deux séries de 30 mouvements.

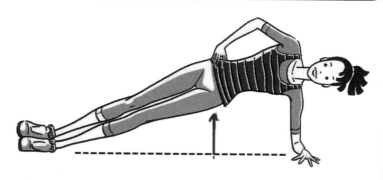

CONSEIL

Pensez à bien verrouiller vos abdos et à contracter vos fessiers, pour éviter de cambrer le dos. Cet exercice vous fait travailler les abdominaux, tout en affinant la taille.

CONSEIL

Mon conseil pour « manger sans gonfler »

*Pensez à boire du **thé vert** tout au long de la journée, pour ses propriétés diurétiques, et « antigonflement ».*

SEMAINE 2

Lundi

Mardi

Mercredi

Jeudi

Vendredi

Samedi

Dimanche

Mes petites recettes « ventre plat »

Omelette aux épinards

Pour 1 personne

Ingrédients
▸ *2 œufs*
▸ *100 g d'épinards surgelés*
▸ *20 g de fromage râpé*
▸ *½ gousse d'ail*
▸ *1 c. à s. d'huile*
▸ *1 c. à c. de cumin*
▸ *sel*
▸ *poivre*

Préparation :

Décongelez les épinards au micro-ondes. Hachez l'ail. Dans une poêle, faites revenir l'ail dans l'huile d'olive, puis ajoutez les épinards. Laissez mijoter 10 minutes à feu doux.

Pendant ce temps, battez les œufs dans un bol, avec le gruyère râpé, le cumin, salez et poivrez.

Versez cette préparation directement sur les épinards, puis mélangez, jusqu'à ce que les œufs soient cuits à votre goût. Servez aussitôt.

Pourquoi c'est une recette « Ventre Plat » ?

Les **œufs***, véritable source de vitamines et minéraux, sont également une bonne source de protéines, tout en étant particulièrement digestes, sauf allergie. Les protéines limitent la perte musculaire et facilitent la fonte graisseuse. De plus, les œufs possèdent un fort pouvoir de satiété.*

L'épinard : *Ce légume-feuille fut vite connu pour ses vertus curatives, favorisant une digestion heureuse, et reçut le surnom de « balai de l'estomac ».*

L'épinard : c'est Catherine de Médicis, qui appréciait fort ce légume, qui le fit cultiver en France.

Moules marinières

Pour 1 personne

Ingrédients
▸ *1 litre de moules*
▸ *1 petit oignon*
▸ *2 échalotes*
▸ *½ verre de vin blanc sec*
▸ *20 g de beurre*
▸ *1 c. à c. de farine*
▸ *persil haché*
▸ *½ feuille de laurier*
▸ *1 branche de thym*
▸ *poivre*

Préparation :

Lavez les moules à l'eau courante, en brossant bien les coquilles ou en les grattant au couteau. Éliminez toutes celles dont la coquille est cassée ou entrouverte. Dans une grande casserole, mettez l'oignon et les échalotes finement hachés, ajoutez le vin blanc, puis les moules. Couvrez et faites cuire à feu vif, en secouant de temps en temps la casserole. Dès que les moules sont ouvertes, retirez la casserole du feu. Disposez les coquilles pleines dans une assiette creuse, et filtrez le reste. Remettez le jus sur le feu. Maniez à la fourchette le beurre et la farine, puis délayez cette pâte avec le jus réduit. Laissez cuire à feu doux, tout en remuant, jusqu'à épaississement de la sauce, au premier bouillon. Poivrez, parsemez de persil haché, et versez sur les moules.

Pourquoi c'est une recette « Ventre Plat » ?

Les moules contiennent beaucoup de calcium, de magnésium et de fer. Bien sûr, les moules sont également riches en iode, ce qui favorise la croissance et le développement du système nerveux.

Les moules, mollusques riches en protéines, légères et digestes, présentent un apport calorique très faible, avec des graisses constituées en grande partie d'oméga 3, aux effets préventifs bien connus sur les maladies cardio-vasculaires.

Le **thym**, *en Provence, se nomme « farigoule ». Le fameux « bouquet garni » contribue, disait-on, à faciliter la digestion de tous les plats lourds et copieux.*

CONSEIL

Astuce anti-ballonnement

À l'apéritif, pensez aux boissons anisées sans alcool, plus appropriées que les eaux gazeuses, qui ont tendance à faire gonfler le ventre. Une fois par semaine, vous pouvez néanmoins boire une coupe de champagne.

Lundi | Mardi | Mercredi | Jeudi | Vendredi | Samedi | Dimanche

Vendredi

Votre menu du vendredi

Petit-déjeuner

Un citron pressé
Un thé vert
Deux tranches de pain au froment, avec du beurre allégé
Un fromage blanc à 20 % MG

Collation 10 heures

Une compote de fruits, sans sucre
Un verre d'eau

Déjeuner

Foie de veau aux pommes
Un yaourt à 20 % MG

Collation 17 heures

Un fruit

Dîner

Filet de perche en papillote
Une compote de pommes, sans sucre

Mes petites recettes « ventre plat »

Foie de veau aux pommes

Pour 1 personne

Ingrédients
> *150 g de foie de veau*
> *1 oignon*
> *2 petites pommes Golden*
> *20 g de beurre*
> *sel et poivre.*

Préparation :

Pelez les pommes, coupez-les en quartiers, en retirant le cœur et les pépins. Détaillez ensuite chaque quartier, en tranches assez fines. Émincez l'oignon. Dans une poêle, faites fondre le beurre, à feu doux, puis ajoutez les tranches de pommes et l'oignon. Laissez dorer pendant 5 minutes, en mélangeant régulièrement. Ajoutez ensuite la tranche de foie de veau, en la laissant cuire de 3 à 5 minutes sur chaque face, à feu moyen. Servez bien chaud, avec une pomme de terre vapeur ou une purée.

« One apple a day keeps the doctor away » : « Une pomme chaque jour éloigne le médecin ».

Pourquoi c'est une recette « Ventre Plat » ?

La **viande de veau** *est l'une des sources de protéines de bonne qualité. Le foie de veau est particulièrement digeste et riche en protéines. Peu grasse, c'est une viande facilement assimilable.*

La **pomme** *est un fruit aux multiples bienfaits. En début du repas, elle facilite la digestion, en provoquant d'abondantes sécrétions salivaires, et stimule l'appétit.*

Dépurative, une pomme chaque matin donne un bon teint, car elle purifie le sang, tandis qu'une pomme chaque soir a un effet laxatif notoire.

Filet de perche en papillote

Pour 1 personne

Pourquoi c'est une recette « Ventre Plat » ?

Poisson diététique par excellence, la **perche** *est un poisson particulièrement maigre, riche en protéines, et surtout pauvre en graisses. Peu calorique, il contient des acides gras polyinsaturés, dont les fameux oméga 3 qui protègent les artères, et le cœur.*

La **carotte** *est la meilleure amie des intestins, et la* **courgette** *est une excellente source de fibres, tout comme le* **fenouil.** *L'association de ces trois légumes, outre leur apport en vitamines et minéraux, favorise un bon transit intestinal.*

Ingrédients
▸ *1 filet de perche de 200 g*
▸ *1 courgette*
▸ *1 carotte*
▸ *1 tomate*
▸ *1 citron*
▸ *un bulbe de fenouil de 50 g*
▸ *poudre d'ail*
▸ *sel et poivre*
▸ *graines de fenouil*

Préparation :

Épluchez, lavez, puis coupez la carotte en rondelles. Lavez, puis coupez la courgette en rondelles. Lavez, épluchez, puis coupez le fenouil en morceaux. Faites cuire les courgettes, la carotte et le fenouil à la vapeur durant 5 minutes.

Coupez une large feuille de papier sulfurisé. Disposez les légumes vapeur assaisonnés avec la poudre d'ail, sel, poivre et quelques graines de fenouil. Posez le filet de perche sur les légumes, assaisonnez de nouveau, selon votre goût. Arrosez le tout d'un filet de jus de citron, puis couvrez avec des rondelles de tomate. Fermez la papillote, puis enfournez à four chaud pendant 20 minutes environ.

CONSEIL

Mon conseil pour « manger sans gonfler »

Même si votre emploi du temps est chargé, évitez de manger rapidement, « sur le pouce », entre deux rendez-vous. Le stress a tendance à faire gonfler le ventre, ainsi que le fait de ne pas mastiquer assez longtemps les aliments.

ASTUCE

Astuce anti-ballonnement

Marchez au minimum 30 minutes par jour, et si possible, deux fois par semaine, pratiquez une activité physique pour accroître votre masse musculaire et faire fondre la masse grasse abdominale.

Lundi

Mardi

Mercredi

Jeudi

Vendredi

Samedi

Dimanche

L'EXERCICE « VENTRE PLAT » DU COACH

Assise sur un siège, plantes des pieds posées au sol, munissez-vous d'un bâton posé sur vos omoplates.
Conservez le buste bien droit, tout en contractant vos abdos, et effectuez une rotation de gauche à droite. Expirez en tournant votre buste sur le côté, et inspirez en revenant.
Effectuez deux à trois séries de 30 secondes environ.
Effectuez une à deux séries de 30 mouvements.

CONSEIL

Pensez à bien vous oxygéner, et à bien contracter vos abdos, pour éviter de solliciter votre dos. Cet exercice vous permettra de tonifier toute la sangle abdominale, en affinant votre taille.

Samedi

Votre menu du samedi

Petit-déjeuner

Un thé ou un café
Céréales sans sucre, avec 200 ml de lait
Deux kiwis

Collation 10 heures

Un œuf dur
Un verre d'eau

Déjeuner

Sole aux raisins
Une pomme de terre vapeur
Un yaourt à 20 % MG

Collation 17 heures

Un fruit ou un laitage à 20 % MG

Dîner

Soupe fraîche de melon vert
Un yaourt à 20 % MG
Un fruit

SEMAINE 2

Lundi

Mardi

Mercredi

Jeudi

Vendredi

Samedi

Dimanche

CONSEIL

Mon conseil pour
« manger sans gonfler »

Pensez à faire une petite marche après le repas ; cela facilite la digestion.

CONSEIL

Astuce anti-ballonnement

Faites des « abdos », sans forcer, et de façon régulière. Les « abdos » sont des muscles très ingrats, qu'il faut travailler au quotidien, pour obtenir des résultats. Même 5 minutes par jour suffisent à tonifier la sangle abdominale.

SEMAINE 2

Lundi

Mardi

Mercredi

Jeudi

Vendredi

Samedi

Dimanche

Mes petites recettes « ventre plat »

Sole aux raisins

Pour 1 personne

Ingrédients
▸ 1 filet de sole de 200 g
▸ 10 cl de vin blanc
▸ une c. à s. de farine
▸ 20 g de beurre
▸ 20 cl de fumet de poisson
▸ 1 citron
▸ 50 g de raisin muscat
▸ sel, poivre

Préparation :

Dans une petite casserole, versez le vin, le jus du citron, et le fumet de poisson. Faites chauffer à feu doux. Ensuite, faites pocher le filet de sole dans ce bouillon, pendant environ 10 minutes. Sortez le filet, et maintenez-le au chaud.

Mélangez le beurre, la farine, puis versez le bouillon, préalablement filtré. Ajoutez les raisins pelés et épépinés. Disposez le filet de poisson dans votre assiette, puis arrosez avec le bouillon aux raisins. Dégustez avec une pomme de terre vapeur.

Pourquoi c'est une recette « Ventre Plat » ?

La **sole** est un poisson maigre, peu calorique, qui contient des acides gras polyinsaturés, dont les fameux oméga 3, qui protègent le cœur, et les artères.

Le **citron** est bon désinfectant intestinal, et les raisins possèdent des vertus diurétiques et drainantes, qui favorisent l'élimination des toxines.

Soupe fraîche de melon vert

Pour 1 personne

Ingrédients
▸ 1 melon vert d'Espagne
▸ 2 pots de yaourt bulgare (250 g)
▸ 2 brins de menthe
▸ ½ citron vert
▸ 2 pincées de noix de muscade râpée
▸ 1 c. à s. rase de miel liquide
▸ sel

Préparation :

Coupez le melon en deux, épépinez-le, puis recueillez la chair, avec une cuillère à soupe. Laissez égoutter 5 minutes dans une passoire, puis placez-la dans le bol du mixeur. Ajoutez les yaourts, le jus de citron vert, le miel, la noix de muscade, et un peu de sel. Mixez jusqu'à obtenir un velouté bien lisse. Ciselez les feuilles de menthe, et incorporez-les au velouté. Laissez au frais, jusqu'au moment de servir.

Pourquoi c'est une recette « Ventre Plat » ?

*Consommé en hors-d'œuvre, le **melon** possède des vertus apéritives. C'est aussi le fruit de l'élimination, puisque ses fibres favorisent un bon transit intestinal, tandis que sa richesse en potassium et en eau facilite la diurèse. Il est légèrement laxatif.*

Dimanche

Votre menu du samedi

Brunch

Un thé ou un café
Deux toasts de pain complet, avec beurre allégé
Roulé de jambon aux œufs brouillés
Un fromage blanc à 0 % MG
Une salade de fruits (pomme, orange, banane)

Collation 17 heures

Un fruit ou un laitage à 20 % MG

Dîner

Gaspacho

CONSEIL

Mon conseil pour « manger sans gonfler »

Mangez des fibres, telles que des céréales, ou du pain au son, qui favorisent le transit, et luttent contre les ballonnements.

CONSEIL

Astuce anti-ballonnement

Le matin, à jeun, buvez un citron pressé avec de l'eau tiède. Cela nettoie les voies hépatobiliaires.

Mes petites recettes « ventre plat »

Roulé de jambon aux œufs brouillés

Pour 1 personne

Pourquoi c'est une recette « Ventre Plat » ?

Les **œufs** *sont une bonne source de vitamines, minéraux et protéines, particulièrement digestes, sauf allergie. De plus, ils possèdent un fort pouvoir de satiété.*

Le **jambon cuit** *présente de nombreux atouts nutritionnels. Riche en protéines, peu calorique et pauvre en lipides, il a tout à fait sa place dans l'alimentation quotidienne et représente une protéine, très facile à assimiler.*

Ingrédients
- *2 œufs*
- *1 tranche de jambon blanc*
- *1 c. à s. de crème fraîche allégée*
- *5 brins de ciboulette*
- *1 noisette de beurre*
- *sel*
- *poivre*
- *quelques baies roses*

Préparation :

Mettez le beurre dans une poêle, puis cassez les œufs. Laissez cuire à feu doux, en remuant régulièrement, puis ajoutez la crème, la ciboulette, sel, poivre, et les baies roses. Continuez à remuer jusqu'à la cuisson désirée.

Disposez la tranche de jambon dans l'assiette. Répartissez le mélange dans le milieu, puis roulez la tranche de jambon.

Gaspacho

Pour 1 personne

Ingrédients
▸ *2 tomates*
▸ *¼ de poivron vert*
▸ *¼ de concombre*
▸ *½ oignon*
▸ *¼ de gousse d'ail*
▸ *1 c. à s. d'huile d'olive*
▸ *½ c. à c. de vinaigre balsamique*
▸ *½ c. à c. de sucre*
▸ *15 cl d'eau*
▸ *sel et poivre*

Préparation :

Lavez les tomates, épépinez-les, pelez-les, puis coupez-les en morceaux. Lavez, épépinez le poivron, puis coupez-le en lamelles. Coupez l'oignon en deux. Placez tous les ingrédients dans le bol du mixeur, avec l'huile d'olive, le vinaigre, l'eau, le sel et le poivre.

Pourquoi c'est une recette « Ventre Plat » ?

Mélange de légumes frais, le **gaspacho** *est une soupe multivitaminée, par la fraîcheur des légumes. Il est digeste, bien assimilé grâce au mixage des légumes, et favorise un bon transit, par sa richesse en fibres.*

Le **vinaigre** *est un stimulant de l'appétit et facilite la digestion.*

Démarrez l'appareil à petite vitesse, puis terminez à grande vitesse. Ajoutez des glaçons au moment de servir, et quelques gouttes de Tabasco, selon votre goût.

Lundi   Mardi   Mercredi   Jeudi   Vendredi   Samedi   Dimanche

5

Index

Index des recettes

Index alphabétique

santé
magazine

Le mensuel le plus lu par les femmes

Tous les mois, des conseils et des avis
d'experts pour prendre soin de vous !

Retrouvez toutes nos offres sur
www.kiosque.uni-editions.com